超 新説で読みとく

信長・秀吉・家康の真実

跡部蛮

Atobe Ban

ビジネス社

はじめに

NHK大河ドラマ『どうする家康』では、生涯を通じて幾多もの困難に直面した徳川家康《とくがわいえやす》がそれぞれの局面でどのような決断をするかがメインテーマになっています。

そのドラマで描かれる「家康」は、どこか頼りなく、たえず喜怒哀楽《きどあいらく》の感情を露わにし、これでどうやって戦国乱世をおさめる武将に成長していくのかと、心配かつ楽しみな面がある一方、これまでのイメージとちがっていることに戸惑いを感じる視聴者も多いのではないでしょうか。しかし、そのイメージの多くは江戸時代に編纂《へんさん》された歴史書によるものです。家康は江戸時代を切り開いた武将、しかも「東照大権現《とうしょうだいごんげん》」という神になった人物です。その時代の歴史書が家康を悪く書くはずがありません。江戸時代に主流だった「徳川史観」はある意味、家康の偉大さを示すための歴史観ともいえるでしょう。したがって、これまでの「家康像」が史実かどうかというと、疑問符がつきます。

家康は誰もが知る歴史上の偉人です。このように知っているつもりでいても、その常識がまちがっていたということもあります。じつはいま家康や豊臣秀吉《とよとみひでよし》、さらには織田信長《おだのぶなが》といった三英傑と呼ばれる英雄たちが生きた時代の歴史が大きく変わろうとしています。

次から次へと新説や新解釈が飛びだし、一年前に新説で通ったものが手垢《てあか》のついた話になるほど。いったいどれが正しい説なのかわからない状況になっています。いまでは秀吉の中国大《おお》返《がえ》しも「秀吉が事前に明智光秀《あけちみつひで》謀叛《むほん》の情報を握っていた」といわれ、以前から準備していたという説もささやかれています。また「関ヶ原《せきがはら》の合戦はなかった」という説まで飛びだし、それが暴論ではなく、ある意味、本質をついた説ともいわれているのです。

そこでまずは諸説を整理したうえで、最新の説に筆者自身の新解釈を加え、まったく新しい三英傑たちの歴史を描きだしていこうと考えています。

本能寺《ほんのうじ》の変や中国大返し、関ヶ原の合戦の新事実はもとより、信長の比叡山《ひえいざん》焼き討ちの真意、秀吉の朝鮮出兵に隠された国際問題、家康の生涯にとって大きな意味を持つ天正大地震《てんしょうおおじしん》――などなど。本書を読み終えたのち、皆さんのこれまでの時代認識が大きく変わることと思います。

それでは、皆さんが知らない「新たな歴史」の世界へご案内いたしましょう。

二〇二三年五月　　　跡部蛮

信長の章

秀吉の章

家康の章

信長の章

其の一

「信長死す！」ニセ情報を流した信長は風を読み、桶狭間の合戦に勝利した

織田信長が尾張《おわり》を平定した翌年の永禄《えいろく》三年（一五六〇）五月一九日、尾張侵攻を図る今川義元《いまがわよしもと》は駿河《するが》・遠江《とおとうみ》・三河《みかわ》の大軍を率いて沓掛《くつかけ》城（愛知県豊明《とよあけ》市）を出陣し、信長の居城清洲《きよす》城（愛知県清須市）へ迫っていました。義元はその日の夕方、尾張領内の前線基地、大高《おおたか》城（名古屋市）へ入る予定でした。

かたや、そのころ信長はどうしていたのでしょうか。一九日の明け方、清洲城の信長は、今川勢が織田側の丸根《まるね》・鷲津《わしづ》両砦（いずれも名古屋市）に攻めかかってきたという報告を受けて立ち上がり、舞を演じはじめます。演目は『敦盛《あつもり》』。「人間五十年、下天《げてん》の内をくらぶれば、夢《ゆめ》幻《まぼろし》のごとくなり。一度生を得て、滅《めっ》せぬ者のあるべきか……」の一節で有名な舞です。やがて舞い終えるや、信長は「法螺《ほら》吹け、具足《ぐそく》よこせ」と側近に命じ、立ちながら「御食《みけ》」（粥《かゆ》の

ようなもの）で腹を満たすと、赤母衣衆《あかほろしゅう》と呼ばれる親衛隊の五騎を率いて城を飛びだしていったのです。信長とともに、まだ明けやらぬ尾張の大地を駆け抜けた主従六騎につづいて、やがて雑兵《ぞうひょう》らが後を追い、信長は熱田《あつた》神宮（名古屋市）で彼らが到着するのを待ち、午前八時ごろ、その門前で両砦から上がる煙を遠望しています。鷲津・丸根砦ともに陥落したのです。ただ織田方にはまだ、丹下《たんげ》・善《ぜん》照寺《しょうじ》・中島《なかじま》（いずれも名古屋市）の各砦が残っていました。信長はまず丹下砦に入り、そこから先の善照寺砦へ軍を進め、さらには最前線の中島砦に移動して桶狭間へ馳せ向かうのです（以上、地図①参照）。

以上、『信長公記《しんちょうこうき》』の内容に従いました。

地図①　桶狭間の合戦における織田軍と今川軍の進軍ルート

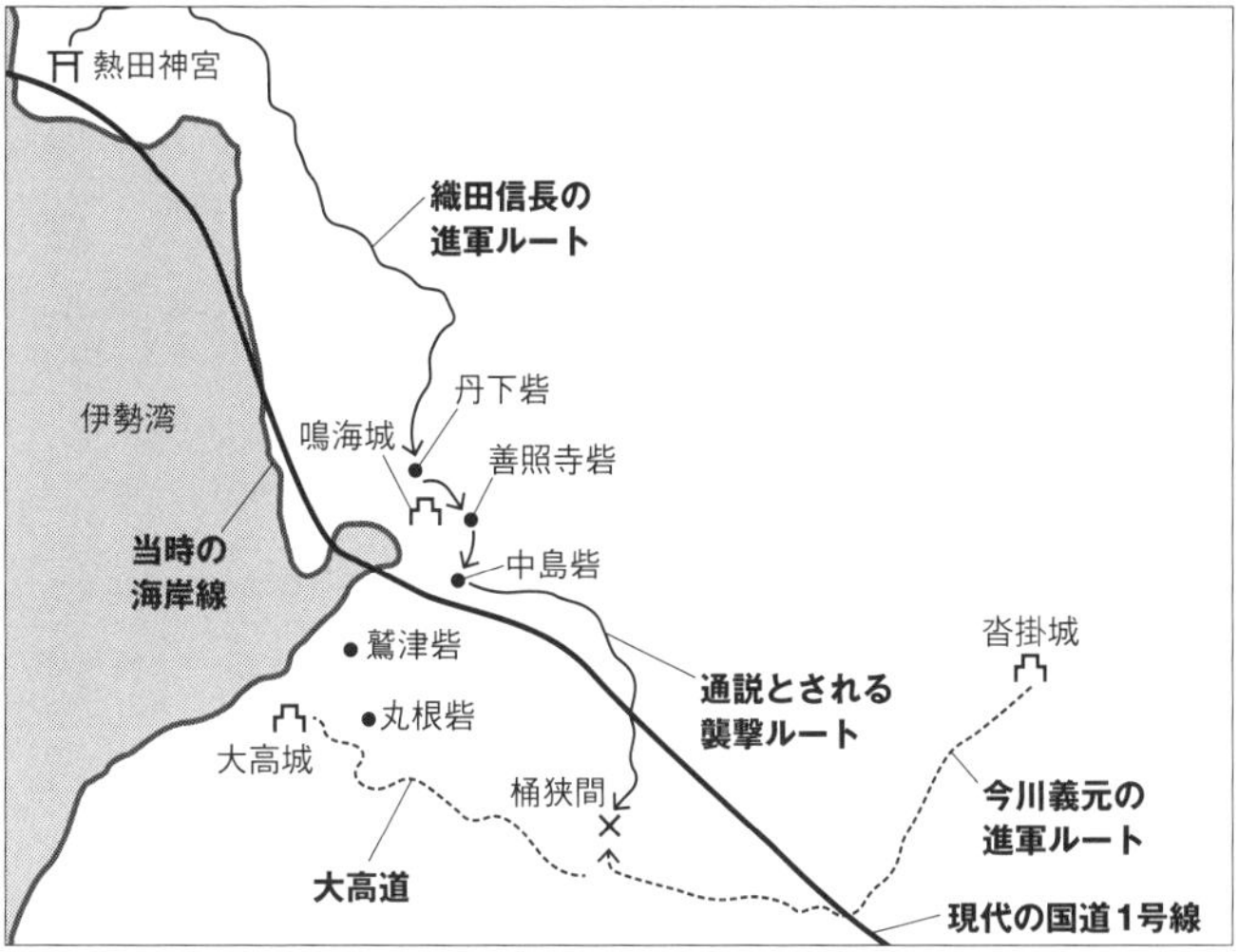

信長に近侍した太田牛一《おおたぎゅういち》という家臣が日常の記録にもとづいて著《あらわ》した伝記ですから、信用がおけます。桶狭間の合戦のくだりはその「首巻」に収められ、信長が京の本能寺で明智光秀に討たれた後、牛一が伝聞を集めて書き下ろしたとされ、信用度はやや落ちます。それでも実際に戦いに参加した元同僚から聞き取りしているはずですから、大きな間違いはないだろうとなっています。ただし合戦の根幹部分は以上のとおりだとして、枝葉の部分で諸説入り混じり、歴史ファンの好奇心をかきたてています。論点をまとめると、こうなります。

①**A説**：義元が休息した桶狭間は「窪地」、**B説**：義元が休息したのは「山」。

②**A説**：古戦場跡は「桶狭間古戦場伝説地」（愛知県豊明市栄町南舘）、**B説**：古戦場跡は「桶狭間古戦場公園」（名古屋市緑区桶狭間北三丁目）。

③**A説**：信長は前線の中島砦から迂回奇襲戦法で義元を討った、**B説**：信長は前線の中島砦から正面攻撃で義元を討った。

もともと①から③までA説をもって通説とされてきました。安土桃山時代から江戸時代の初めにかけて活躍した儒学者の小瀬甫庵《おぜほあん》が『信長公記』をより面白く読み物とするために『信長記《のぶながき》』（※）を書き、そこに迂回攻撃の話と義元の本陣が窪地だったという話がでてくるのです。読み物としてはこの話が面白かったがために広く流布され、明治後、大日本帝国陸軍参謀本部が歴史上の戦記をまとめるに際し、甫庵の説を下敷きにしてA説を確定させたのです。ところが近年、歴史家の藤本正行《ふじもとまさゆき》氏が正面攻撃説を主張し、桶狭間も窪地ではなく、「おけはざま山」だというのが通説になりました。古戦場跡も江戸時代からA説が知られていましたが、これも近年になって名古屋市側がB説を主張するに至ります。こうなると両説が真っ向から対立し、こちらはいまだ白黒ははっきりついていおりません。

一方、いったん通説化した正面攻撃説でしたが、その後もふたたび迂回説が息を吹き返してきました。いったいどちらが正しいのでしょうか。それらの謎解きの前に前提となる話を挙げておきましょう。

今川軍の目的はあくまで尾張征服であって上洛になかったということです。義元が上洛をめざしたという説は、例の甫庵の『信長記』に

名古屋市にある桶狭間史跡公園

「義元が上洛して天下を斬り従える意思があった」といわんばかりに記され、これまた陸軍参謀本部が確定させたことで成立しました。当時、陸軍は昭和天皇を奉じていましたから、戦国大名が天皇のいる京をめざしたという話は政治的に使えると思ったのでしょう。陸軍参謀本部編纂の『日本戦史』に「戦国時代における英雄豪傑中、東海道方面にあったものは、地理的に力を中原《ちゅうげん》（中央）にのばそうとすることが多かったため、天子を奉ずることを最も近道と考え、京都の占有を目的とした」と書いています。

しかし、それは信長がのちに足利義昭を奉じて岐阜から上洛し、「天下布武《てんかふぶ》」をめざした歴史的事実を知っているからこそ、そう断言できるわけです（その天下の意味もわれわれが理解している内容とはちがう）。牛一の『信長公記』には一言も義元が上洛をめざしたとは書かれておらず、いまでは今川軍の尾張侵攻の狙いがあったという話で通説化しています。

以上を踏まえ、①～③のA説とB説を検証してみましょう。

まず①ですが、『信長公記』に「おけはざま山」とあり、B説で間違いないと考えています。甫庵と陸軍参謀本部のコンビのほかにも『武徳編年集成《ぶとくへんねんしゅうせい》』（江戸時代中期に編纂された徳川家康の伝記）に「田楽が窪」という地理的条件が示されています。たしかに山を攻め上るより山から攻め下るほうがドラマティックで演出効果は高いですが、実際の合戦で低地に本陣を置くのはタブーです。

　それでは②はどうでしょうか。豊明市史では地図②に（A）として記した三角点（標高六四メートル）付近を当時の桶狭間山だとしています。一方、名古屋市の桶狭間古戦場保存会によると、「標高六四メートルの頂上付近は、道もなく急勾配で、人馬が登ることは困難」だとして、地図の（B）付近の山の中腹を義元の本陣跡に比定しています。当然のことながら、義元が討ち死にした「最期の地」も、豊明市側が「桶狭間古戦場伝説地」（地図上の（a））、名古屋市側が「桶狭間古

地図②　織田信長の桶狭間急襲ルート

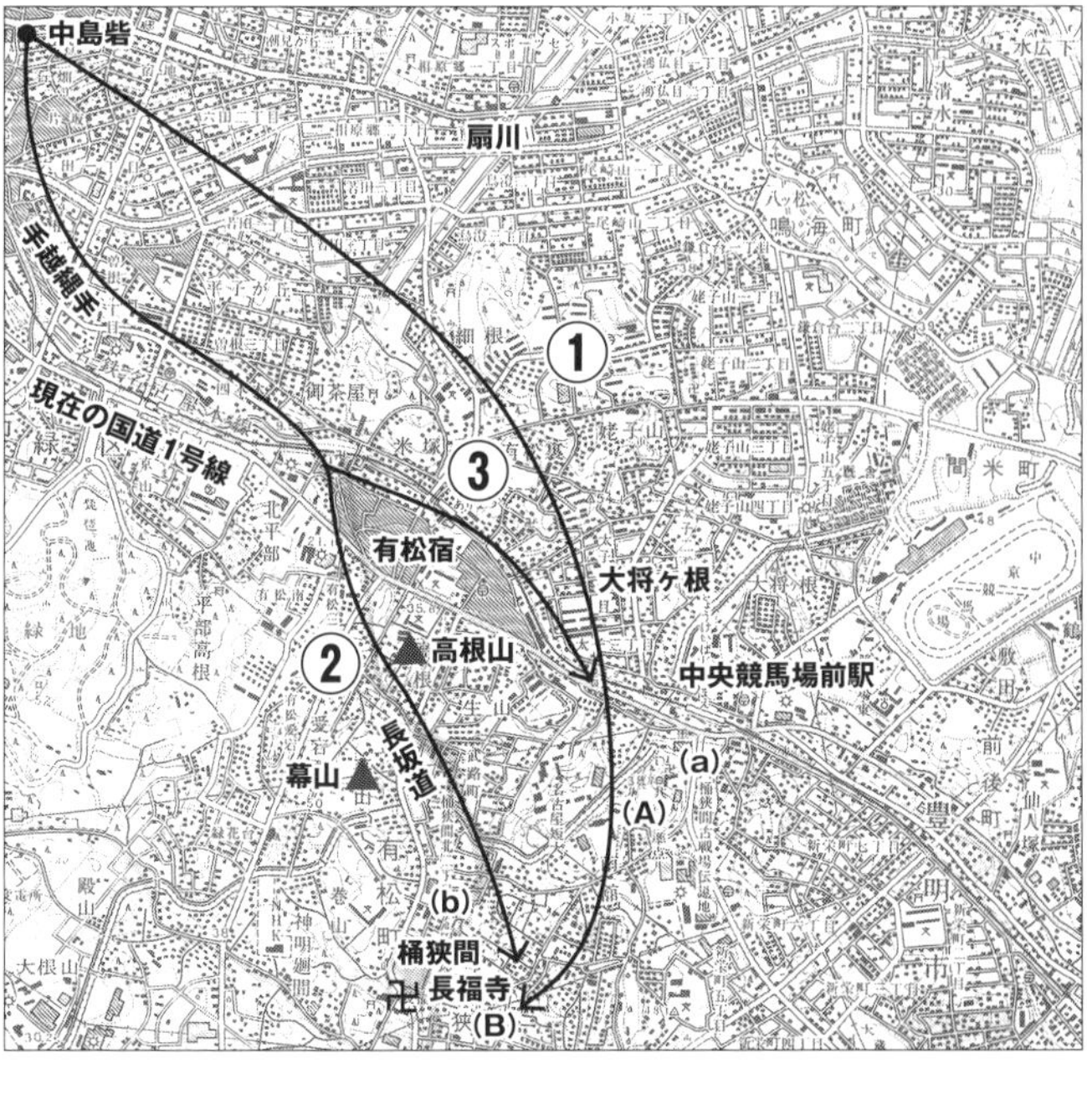

戦場公園」（地図上の（b））として、それぞれに義元の墓があります。

ただ『信長公記』を読むと、義元が「おけはざま山」から逃れてきて討ち取られた付近は「深田《ふかだ》へ逃げ入る者がはいづりまわる」ような足場の悪い湿地帯だったことがわかります。地図の（b）付近には桶狭間という地名が残り、地元の伝承では南北朝の争乱のころ、南朝方の落ち武者らが土着してそこに集落の桶狭間村が生まれたといいます。現在も周囲には池が多く、桶狭間村の長福寺《ちょうふくじ》の泉からはいまも涸《か》れることなく水が湧きでています。もともと泉に浮かぶ桶が湧水によってくるくる廻《まわ》ることから桶廻間と呼ばれ、桶狭間の地名の由来になったという説があるくらいです。

そうなると、B説「桶狭間古戦場公園」付近こそが『信長公記』の記述内容に合致しているように思えます。A説は東海道から近く、江戸時代に旅人らの立ち寄るスポットとしてはうってつけの場所にあることから、古くよりその伝承地として誤解された可能性があると考えています。

しかしながら、確実にB説が正しいとはいいきれません。令和元年（二〇一九）に発見された『桶狭間之合戦絵図』（詳細は後述）を読むと、B説の桶狭間付近で前哨戦が行なわれ、義元が討ち死にしたところはあくまで（a）付近であることがわかります。

そもそも『信長公記』でいう「おけはざま山」というのは、A説からB説にかけて広がる丘陵地帯の総称と考えられます。つまり現在の行政区分では豊明市と名古屋市に分断されていますが、もともとは同じ「おけはざま山」で、義元の本陣をその頂上（六四メートル付近）とするか、その中腹あたりに比定するかのいずれかであると考えたらどうでしょう。

次に③のA説「迂回奇襲説」とB説「正面攻撃説」についてみていきましょう。例の『信長記』に、信長が前線の砦を出陣する際に将兵らに「敵の背後の山まで推《お》し廻《まわ》り、旗を巻いて忍び寄り、義元の本陣へかかれ」と命じ、『日本戦史』が「北方の丘陵を迂回し、鎌倉街道すなわち現今の国道一号線（旧東海道）を横ぎり、義元の麾下に向かって前進した」と解釈し、それが例によって通説化したのです。地図②に①と示したのがこの「北方迂回ルート」にあたります。

ところが前述したとおり、藤本氏が「正面攻撃説」を主張して以来、それが研究の主流になりました。藤本氏が『信長公記』の記述内容を詳細に精査して導きだした説です。たしかに『信長公記』のどこをどう読んでも信長の本隊が迂回したとは書かれていません。逆に迂回奇襲攻撃を意図していなかったことが書かれています。清洲から熱田神宮、さらには丹下砦をへて善照寺砦に入った信長は、最前線の中島砦に向かおうとします。それを家老の衆が「敵方よ

善照寺砦跡

高根山から中島砦をのぞむ

りはっきり見えてしまう」といい、信長の馬のくつわの引手にとりすがって止めています。その必死の制止を振り切り、信長は最前線の中島砦に軍を進めたのです。信長に奇襲の構想があったら、敵から丸見えになるという家老の意見に耳を傾けていたはずです。それを無視したのですから、信長に奇襲の意図がなかったのは明らかです。

中島砦に進んだ信長の本隊は二〇〇〇。その後、信長は砦から出陣して桶狭間で義元を討ち取るわけです。仮にB説が正しいとして、中島砦から先、どういうルートを取ったのかは『信長公記』に「(信長の本隊が)山際まできたときに暴風を伴う急雨《むらさめ》が降ってきて、石氷を投げうつように敵兵の顔に打ちつけてきた」とする「山際」がどこなのかによって変わってきます。主に「正面攻撃説」で用いられるルートが地図②の③にあたります。

しかし、この「正面攻撃説」にも弱点があります。それが迂回奇襲説の息を吹き返させる一因にもなっています。『信長公記』は写本などによっていくつかの系統に分かれます。その一部に「(義元は本陣の前に)戌亥《いぬい》(北西)にむけて段々に人数を備へ」たとあり、重厚な陣立てで本陣を守っていたことがわかっているのです。「おけはざま山」を中心にみると、中島砦のある方角が戌亥にあたり、現在の国道一号線の南から桶狭間村付近にかけて低い丘陵がつづいています。山の名前でいうと高根山《たかねやま》(標高五四米《メートル》)や幕山《まくやま》(標高三四米《メートル》)などです。今川勢はそれら山々を利用し、何段にもわけて部隊を駐留させる陣立てを組んでいたのです。

一方、『信長公記』に今川勢は四万五〇〇〇の大軍と記されています。ただし最近では今川の総勢はその石高などから換算して一万余にすぎないという説もあります。それでも二〇〇〇の信長の本隊の五倍。義元の本陣が半分の五〇〇〇だとしても、その二・五倍。今川勢の重厚な陣立てによって中島砦から出撃した本隊が義元の本陣を正面攻撃する前に蹴散らされるのは明らかです。暴風と豪雨というラッキーアイテムが加わらない限り、難しいと思います。しかし、筆者はこの正面攻撃説を支持しています。

ただし、ルートは地図上の③よりも②が近いのではないかと考えています（以下、地図②参照）。いまでは一部寸断されていますが、「長坂道《ながさかみち》」というダラダラ坂の古道が丘陵地域をぬうようにして桶狭間村付近までつづいています。③よりは迂回する形になるものの、①ほど大きく迂回しません。迂回することによる時間ロスを避け、かつ丘陵を隠れみのにすることができるので①と③ルートの欠点を補えると考えたわけです。

それでも『信長公記』でいう「山際」まできたとき、急な嵐に見舞われて今川軍の重厚な陣立てに混乱が生じなければ、とても義元の本陣までたどりつけなかったでしょう。『信長公記』を読むと、戌亥にむかって陣立てする今川勢は正面から暴風雨に見舞われ、とても信長の本隊を気にするゆとりのなかった状況がうかがえます。その意味でも信長が正面攻撃するルートは②でなければなりません。地図をみると一目瞭然です。②のルートが「おけはざま山」の今川勢からみたら、ちょうど戌亥の方角にあたるからです。『信長公記』が「熱田《あつた》大神宮《だいじんぐう》の神戦《かみいくさ》」、すなわち神のご加護があったと書いているとおり、信長は素晴らしい幸運に恵まれたのでしょうか。

ここからは正面攻撃説の弱点を仮説で補ってみようと思います。最近流行りの「歴史気候学(※)」のジャンルにもとづく仮説です。以下、気象予報士松嶋《まつしま》憲昭《のりあき》氏の著書(『桶狭間は晴れ、のち豪雨でしょう』)を参考にします。

まず海に面した尾張では合戦のあった旧暦五月の季節、南の太平洋上から暖かい南風が陸地に吹きこみ、陸地が太平洋高気圧に覆われた日には、昼前から夕方にかけて南西の風が吹くと考えられています。さらに照りつけるような陽射しによって地表の温度が高くなると、暖められて軽くなった空気が上昇します。やがて空気は膨張して気圧は低くなり、積乱雲が発生します。一方、上空には強い偏西風が西から東へと吹いています。南西の風に乗って生まれた積乱雲が偏西風に乗って東に流れるため、積乱雲は北西方向から南東方向に移動します。

これは合戦当日、北西方面に向かって備えていた今川勢が正面から暴風と豪雨を受けた位置関係と合致します。合戦当日の天気が晴であったことは『甲陽軍鑑《こうようぐんかん》』（江戸時代初めに編纂された軍記物語）などから想像できますので、その日の桶狭間付近の上空は太平洋高気圧に覆われていたはずです。こうして合戦当日、積乱雲発生に伴うダウンバースト現象（積乱雲から爆発的に吹き下ろす気流および地表に衝突して吹きだす破壊的な気流）が発生したのではないでしょうか。

注目すべきは『信長公記』に「沓掛の峠にある二抱《ふたかか》え三抱《みかか》えもある楠木の大木が雨によって東へなぎ倒された」とある記述です。これを合戦当日の記述とみるかどうかで状況は変わってきます。一般的には合戦当日の現象と理解されています。たしかにダウンバースト現象の解説記事などを読むと、四キロ以上にわたって起きるケースがあるそうですから、桶狭間を襲ってダウンバーストをもたらした積乱雲が東の沓掛に移動したと考えるのが常識的です。それでも尾張から三河にかけての海よりの陸地で積乱雲が発生しやすかったことを否定する話ではありません。

つまり、この季節に積乱雲が発生しやすいことを知っていた信長は、最前線の中島砦でそれを待っていたのではないでしょうか。もちろん、こなかったら別の作戦を考えたかもしれません。しかし砦の櫓に見張りを立たせていれば、雲が湧き上がってくる気象は把握できたはずです。中島砦から出撃するに際し、信長は将兵らを「運は天にあり」（『信長公記』）といって鼓舞していますこれを「天が（積乱雲という）運をわれらにもたらしてくれた」という意味に理解するのは無理があるでしょうか。

ともあれ、その気象現象を利用すれば、今川勢が「戌亥（北西）にむけて段々に人数を備へ」ていたとしても、その先陣を正面突破し、義元の本陣のある「おけはざま山」の麓まで駆け抜けるのは可能だったでしょうし、史実として彼はやり遂げています。そしてダウンバーストのような現象はそう長つづきしないことも、積乱雲の発生しやすい尾張の住人ゆえに知っていたのでしょう。結果、『信長公記』にあるとおり、「おけはざま山」の麓に達した信長は「空が晴れたのをご覧になり、槍を取って大音声《だいおんじょう》をあげ〝すわ、かかれ！〟と仰せになられた」となるのです。

あくまで仮説ですが、それが成立するには、まず信長が義元の本陣を把握していたことが前提となります。そこでよく俎上《そじょう》にのぼるのが簗田政綱《やなだまさつな》の論功行賞《ろんこうこうしょう》の話です。陸軍参謀本部編纂の『日本戦史』によると、「義元の所在を報告し、これを襲撃すべき意見を具申《ぐしん》した簗田政綱には、沓掛城と三千貫の采地《さいち》（所領）とを与えた」としています。ところが甫庵の『信長記』にさえ、政綱が義元の所在をつかんでいたという話は記されていません。『信長記』には、信長が迂回奇襲を将兵に命じるや、「簗田出羽守（政綱）が進みでて、仰せ最もなことにて。必ずや大将（義元）を討つことでありましょう」と信長の作戦によって必ず勝利すると、将兵を鼓舞する役回りを演じさせられているにすぎません。江戸時代の逸話集『備前老人物語』に、政綱が「よき一言」を進言するや信長が喜び、「その場にて沓懸村三千貫の地」を与えたという話が記されているから、陸軍参謀本部は、その「よき一言」を義元本陣の情報であると解釈したのかもしれません。

それでは信長は義元の居所を把握していなかったのでしょうか。作家の桐野作人《きりのさくじん》氏がこう指摘しています。『信長公記』の諸本のひとつ「天理本」に「御敵今河義元人数四万五千にておけばさま山に」（本文のまま）という一節が改行一段下げで記述されています。筆者の太田牛一がこのように記述するのは、功名をあげた者らの交名《きょうみょう》（人名を書き連ねること）となす特記事項であることが多いとし、信長が義元の本陣を把握したという情報価値を強調する意味があったとしているのです。

一方、中島砦出撃に際して信長が将兵を鼓舞したセリフの中に「（敵は）夜もすがら大高城（地図①参照）へ兵粮《ひょうろう》を入れ、鷲津・丸根にて手を砕き、辛労《しんろう》してつかれている」という一節がでてきます。当時、今川家の人質だった若き松平元康《まつだいらもとやす》（のちの徳川家康）は三河衆を率いてその前夜に大高城に兵粮を運び入れた後、合戦当日早朝の丸根砦攻撃に加わっています。つまり信長が討とうとしている敵は、家康の松平隊を含めた今川勢の先陣にすぎず、信長が出撃する際に義元がどこにいるのかつかんでいなかったともいわれます。この一節を真正面から受け止めるとそうなりますが、そのあと、『信長公記』で義元の本隊を攻撃している事実を考えると、信長はここでも将兵の士気を高めるため、あえて辛労している先陣の例をだしたにすぎないとも解釈できます。

信長は義元の居所を正確につかみ、逆に義元は信長がどこにいるのかつかんでいなかった――これが合戦の明暗を分けた最大の要因だと考えています。

しかし、まだ最大の謎が残されています。沓掛を出陣した義元はなぜ目的の大高城に入らず、途中の桶狭間で休息したのでしょうか。桶狭間から大高城まで直線距離でおよそ五キロ。義元は前述のとおり、松平元康へ命じ、その大高城に兵粮まで運ばせているわけですから、そこを尾張侵攻の拠点と考えていたのは明らかです。桶狭間で休息などせず、そのまま五キロを行軍して大高城へ入っておけば、首を敵に与えることはありませんでした。城に入ったほうが危機管理上のリスクは、はるかに低くなるはずです。

まず『甲陽軍鑑』を参考にすると、この日はちょうど梅雨の晴れ間が広がり、蒸し暑く、兵に休息を与える必要があったようです。いまでいう猛暑の一日だったのでしょう。しかし、それが決定的な理由とは思えません。

そこで信長が丹下砦をへて善照寺砦へ軍を進めたときまで、少し時計の針をもどしてみましょう。このとき、三〇〇の兵を率いて中島砦を守っていた佐々《さっさ》隼人正《はやとのしょう》と千秋《せんしゅう》四郎の両将は、信長が近くまできたと聞いて奮い立ち、今川勢の先陣に戦いを挑み、玉砕に近い打撃をこうむっています。その両将の首は、義元自身が検分したはずです。彼にしたら、織田方の丸根・鷲津両砦があっさり陥落し、次いで敵の一隊を壊滅させる勝利をあげたわけです。このとき『信長公記』は「義元の矛先には天魔鬼神もかなわない。何とも心地はよいといって、悦に入《い》り、ゆるゆると謡《うたい》をうたわせ、（桶狭間で）陣をすえてしまった」とあります。義元はこうして油断し、かつ織田勢を侮ってしまい、初戦の勝利を祝うため桶狭間に陣をすえたというのが通説です。

本当でしょうか。いくら初戦に勝ったとはいえ、信長の本隊がどこにいるのかわからない状況で、いわゆる野営をするのは危険です。

ところが桶狭間から大高城へ進むには「大高道」（地図①参照）を進まねばなりません。その道は前述した新発見の史料に「獣道のようで輿では進めない」という悪路だったことが挙げられます。義元は沓掛城を輿に乗って出陣していることが『信長公記』で確認できます。そのような悪路で織田勢に待ち伏せされたら、野営するよりはるかに危険です。はるか後年の話になりますが、慶長《けいちょう》五年（一六〇〇）、翌月に関ヶ原の合戦（九月一五日）をひかえた八月七日付で、石田三成《いしだみつなり》が信州上田城主（長野県上田市）の真田昌幸《さなだまさゆき》に手紙を送り、関東から上洛してくる家康を「尾州《びしゅう》・参州《さんしゅう》（三河）の間で討ち果たしてくれよう」と言っています。尾州・参州の間というのは、まさに桶狭間付近のことです。付近はなだらかな丘陵がつづき、その間をぬうように街道が通っている地域なので待ち伏せするには、うってつけだと考えたのでしょう。

義元はそのことを警戒し、幾重にも本陣の前に部隊を配置した上で、桶狭間でいったん進軍をとめ、さらに大高道周辺の敵勢がいないという確信がえられるまで休息をとったのではないでしょうか。だとしたら通説とは裏腹に、かなり用心深く織田方の攻撃を警戒したことになります。結果、その用心深さが裏目にでたのです。

ここまでは今川方の事情ですが、織田方からの〝仕掛け〟も効いたのではないかと考えています。

ここで前述した新発見の新史料を参考にしてみましょう。筆者は新史料そのものを直かに読んだわけではありませんが、その内容が歴史雑誌（『歴史研究』）に公表されています。その新史料は、桶狭間合戦場とその周辺の絵図の余白に、事細かく時間の流れを追って両軍の動きを文字で記載したもので、『桶狭間之合戦絵図』と呼ばれます。尾張藩の藩校初代校長の落款《らっかん》（作品に記す署名捺印のこと）があり、「元今川家家臣の内密実記」と書かれています。今川の旧臣の家に秘密裏に伝わってきた実録だというのです。「大高道が獣道のような悪路」とあり、義元が討ち死にしたところが地図②の（a）付近と解釈できる史料がこれにあたります。この絵図の空欄に記載された文字群の中に興味深い記述があり、意訳した内容の要旨を時系列的に繋ぎ合わせるとこうなります。

「信長が笑止なことにわずか四百で砦から出陣してきた」→「われこそは織田上総介信長なりと口上して突撃してきた」→「（今川方の）井伊直盛《いいなおもり》（のちに家康に仕える井伊直政《なおまさ》の祖父）の家臣が信長を討ち取った」→「信長が討ち死にしたので祝宴した」

もちろん信長は今川勢に討ち取られていないのですから、井伊直盛の家臣が信長を討ち取ったというのは明らかに誤報です。玉砕した佐々・千秋両将の軍勢を信長が率いたものだと勘違いしたのでしょう（軍勢の数も三〇〇を四〇〇だと勘違い）。そして「われこそは信長なりと口上して突撃してきた」という一節から、信長が佐々・千秋軍の中にいわゆる自身の影武者を立てたことがうかがえます。つまり信長がみずから討ち死にしたと装い、義元の油断を誘う作戦を立て、それが見事に成功したという解釈が成り立つのです。

そもそも今川軍の目的は尾張侵攻にあります。その尾張の総大将というべき信長死す——そのニセ情報が合戦場に流れたら義元は油断すると、信長がそんな秘策をめぐらしたのではないでしょうか。義元からすると、桶狭間で休息するところまでは予定の行動だったとして、信長死すの情報をえて「義元の矛先には天魔鬼神もかなわない」と思い、謡まで歌わせるほどに油断してしまったと考えることができます。

　筆者はかねてより信長が義元の油断を誘うために、もともと佐々・千秋軍を玉砕させる考えだったという仮説を述べてきました。江戸時代に刊行された『改正《かいせい》後《ご》三河《みかわ》風土記《ふどき》正説《せいせつ》大全《たいぜん》』によると、信長が佐々・千秋両将に「面々（二人）の命をわれにくれ」というと、二人は声をそろえ、「めずらしいことを仰せかな。われわれが命を君に捧げることをどうしていまさらお聞きになるのですか」と答えたといいます。さらに仮説を重ねると、信長はこの玉砕戦法に加え、影武者や「信長死す」の情報をバラ撒くように命じたのではないでしょうか。

　儒教精神が尊ばれた江戸時代の史料ですから、先のような応答があってもしかるべきと思いますが、同史料は「わが秘するところの謀略を語ろう」と信長がいったとつづけています。同じく江戸時代に編纂された『井伊家伝記』の桶狭間合戦のくだりに「信長が謀計をもって攻めかかってきた」とあり、その「謀計」や「謀略」がニセ情報を含む一連の作戦を指していると考えています。

そしてあとはそれこそ乾坤一擲《けんこんいってき》。暴風雨の到来を期待し、義元の本陣めがけ、正面攻撃をかけたのではないでしょうか。

以上、信長が「風待ちしていた」という仮説に、「信長死す！」というニセ情報を流して義元を油断させたという仮説を重ねてきました。

一方、相次いで通説が書き換えられている戦国史においても、桶狭間の合戦はより解明が難解なテーマのひとつです。後世のわれわれにとっては有名な合戦ですが、当時の認識としては地方の局地戦にすぎず、公卿《くぎょう》の日記などの一次史料で裏が取れないからです。根本史料といえる『信長公記』も表現があいまいで解釈によっていくつもの説が導きだせます。こうして明確な答えをえないまま現在に至っています。筆者が「仮説」に「仮説」を重ねたのは、そういう状況を打破するための手がかりになればと考えたのであって、これが史実だというつもりは毛頭ありません。それでは最後に、こんな話でこの項を締めくくりましょう。

ここまでの話は、合戦の前夜、義元が沓掛城にいて、東から西へ、彼が大高城へ行軍する途中、桶狭間で休息した話が大前提になっています。『信長公記』にそう書いてあるからです。いくつかの論点はあっても、これだけは揺るぎのない史実とみなされてきました。ところが『信長公記』の早期写本類の研究などから、義元は前夜に大高城にいたという説も浮上しています。

桶狭間の合戦をめぐっては、今後もさまざまな説が投げかけられることでしょう。

※『信長記』＝一般的に誤りが多いと批判されることの多い史料だが、最近その見直しが進み、まず、初版が慶長一七年（一六一二）か一八年（一六一三）の刊行であることが明らかになった。これまでより成立年が早くなり、これだけでも史料的価値があがる要因になっている。

※歴史気候学＝もともとは、気候の変化を歴史的にさかのぼって後づけする学問として誕生した。しかし、近年になって、人間と自然との関係があらためて問い直され、歴史事件と気象との関係が注目されるようになった。

《主な参考文献》藤本正行著『桶狭間の戦い　信長の決断・義元の誤算』（歴史新書y）、松嶋憲昭著『桶狭間は晴れ、のち豪雨でしょう』（メディアファクトリー新書）、桐野作人著『桶狭間合戦　信長は籠城案を退けて正面攻撃をしかけたのか？』（『歴史読本』七四五号）、太田輝夫著「桶狭間合戦　今川史料の発見」（『歴史研究』六八九号）、竹内元一著「桶狭間の戦い前夜、今川義元の居場所をめぐって」（『信濃』七四巻二号）、池田誠一著『なごやの鎌倉街道をさがす』（風媒社）、拙著『信長、秀吉、家康「捏造された歴史」』（双葉新書）、拙著『「道」で謎解き合戦秘史』（双葉社）

其の二

信長は本当に比叡山全山を焼き討ちしたか

信長はよく「天魔」に喩《たと》えられます。仏道の修行を妨げる魔王のことです。西洋史でいう「悪魔」に相当します。

南蛮人宣教師らの日本報告書といえる『イエズス会士日本通信』に、信長が武田信玄《たけだしんげん》に送った返書でみずからを「天魔」と称したことがあったと記載されているのが話の出所《でどころ》です。伝聞ですから本当に信長が自身を「天魔」に喩えたかどうか、確実なことまではわかりません。しかし後世の人々にとって、信長の所業を振り返り、たしかに「天魔」のようだと思ってこの話が広まっていったのでしょう。

信長は生涯、いくつかの大虐殺を断行しています。その最たるものとして後世の人々の記憶に刻まれたのが比叡山（延暦寺《えんりゃくじ》）焼き討ちではないでしょうか。『信長公記』によると、元亀《げんき》二年（一五七一）九月、織田勢は「雲霞のごとく（比叡山を）焼き払い、灰燼《かいじん》の地となすこと哀れなり」、すなわち全山ことごとく焼き払ったとあります。さらには「高僧」のほか、「美女・小童、その数を知らず召し捕らえ」、結果、「数千の屍《しかばね》」を晒すことになったといいます。信長は天下に名高い高僧や女・子どもまで殺したのです。『信長公記』がいうように俗世にまみれた「悪僧（僧兵ら）」については「是非に及ばず（仕方がない）」としても、罪のない者までを殺したというのですから、たしかに「天魔」の所業といえます。

ところが比叡山の考古学調査が進むにつれ、信長が全山ことごとく焼き払ったという通説に疑問が投げかけられるようになってきました。

それでは信長と比叡山がなぜ対立したのかという根本的な問題を含めて、この事件を再検証してみましょう。

比叡山延暦寺では東塔《とうどう》・西塔《さいとう》・横川《よかわ》という三つのエリアで、それぞれに中心伽藍《がらん》となる根本《こんぽん》中堂《ちゅうどう》や講堂《こうどう》をはじめ、現存する主な建物の修復に伴って考古学調査が行われてきました。その調査員の一人、兼康保明《かねやすやすあき》氏が発表した論文（「織田信長比叡山焼打ちの考古学的再検討」）によると、根本中堂と講堂を除き、調査で確認され焼土層《しょうどそう》は信長の時代のものと特定できず、それより前の平安時代から南北朝時代のものか、あるいは江戸時代のものだとみられることが判明したというのです。つまり織田勢の放火によって焼け落ちたと確実にいえるのは根本中堂と講堂だけ。『信長公記』が全山ことごとく焼き払ったという記述と明らかに矛盾するのです。『信長公記』の史料価値は高いとされているだけに、筆者の太田牛一が嘘偽りを書いているとは思えません。また山科言継《やましなときつぐ》という公卿の日記にも「大講堂、（根本）中堂、谷々の伽藍ことごとくこれを放火す」（『言継卿記』）とあり、やはり考古学調査の結果と矛盾しているのです。

ここで焼き討ちに至る流れを確認しておきましょう。

話はその一年前、元亀元年（一五七〇）八月にまでさかのぼります。

三好《みよし》三人衆が摂津《せっつ》大坂の野田《のだ》・福島《ふくしま》城（大阪

比叡山延暦寺東塔根本中堂（修復中）の内部

市福島区）を拠点に蜂起したのです。それまで京で政権を打ち立てた三人の同族衆（三好長逸《ながゆき》、三好宗渭《そうい》、岩成友通《いわなりともみち》）をそう呼びます。尾張を平定した信長が隣国の美濃《みの》を奪い取り、やがて上洛して畿内をおさえることになります。彼らは将軍の跡目に足利義栄《あしかがよしひで》（信長に奉じられて将軍になった義昭《よしあき》の従兄弟《いとこ》）を擁立し、政権を維持しようとしたものの、軍勢を率いて上洛した信長に京から本拠の阿波へ追われ、そのあと巻き返しを図っていたのです。信長はすかさず摂津入りし、両城へ猛攻を加えました。すると、九月に入って大坂御坊《ごぼう》（のちの大坂城）に拠《よ》る本願寺《ほんがんじ》が包囲網に加わりました。当時、要塞化した本願寺には門徒《もんと》と呼ばれる信者が籠もり、同じく門徒である近隣の国衆や地侍らを含めて、かなりの武力を擁していました。こうして本願寺と三好三人衆という敵を前に、信長は大坂から動けなくなったのです。この隙に乗じ、越前《えちぜん》の朝《あさ》倉義景《くらよしかげ》、北近江《おうみ》の浅井長政《あざいながまさ》が三万の大軍で南近江の志賀《しが》郡へ進軍してきました。

この年四月に織田勢が越前へ進攻した際、信長の妹お市の夫、長政が裏切って朝倉方についたため、信長は若狭の金ヶ崎《かねがさき》（福井県敦賀市）から、裏道にあたる近江の朽木谷《くつきだに》街道を通って命からがら京へ逃げ帰るしかありませんでした（金ヶ崎の退き口《の》）。怒った信長は、大軍を率いて長政の居城小谷《おだに》城（滋賀県長浜市）を包囲しました。これがこの年の六月のこと。

しかし、小谷城は難攻不落の山城《やまじろ》です。そこで信長は城攻めをあきらめ、野戦で勝負を決しようとしました。木下藤吉郎《きのしたとうきちろう》（のちの豊臣秀吉）らに命じて小谷城下を放火してまわらせ、浅井勢を挑発し、援軍の朝倉勢とともに姉川《あねがわ》の北岸へ誘いだすことに成功したのです。一方、姉川の南岸に集結した織田勢は二万九〇〇〇。『信長公記』を読むと、合戦は徳川家康の援軍をえた織田方の勝利のように書かれていますが、長政は五〇〇〇の兵しかだしておらず、野戦で一気に勝負を決しようとした信長の目論みは大きく崩れました（姉川の合戦）。

そうして軍勢を出し惜しみして余裕を残していた浅井勢が朝倉勢とともに、大坂で釘付けにされた信長をあざ笑うかのように攻め寄せてきたのです。

その志賀郡には信長が築いた宇佐山《うさやま》城（滋賀県大津市）がありました（地図③参照）。じつは、この城の存在が信長と比叡山が対立する根本的な理由に大きく関係していたというのです（河内将芳《まさよし》著『中世京都の都市と宗教』）。

順序立てて説明しましょう。信長はのちに湖上貿易を制する要地として安土《あづち》（滋賀県近江八幡市）に壮麗な城を築造します。そのころの主要路が室町時代に今道越《いまみちご》えといわれた志賀越えと呼ばれる街道でした（地図③参照）。この道は、信長をはじめとする人々が安土と京を往復する際の近道となります。信長は安土から湖上を使って船で坂本へ入り、錦織《にしこり》村から志賀越えで京の北白川方面へ入っていました。古来より逢坂《おうさか》越え（同）が近江と京をむすぶメインの街道でしたが、信長が最短距離で京へ入れる志賀越え道に注目したことで立場が入れ替わったのです。

しかし、もともと志賀越えは比叡山延暦寺の強い影響力のある道で、彼らが関所をもうけていたようです。つまり比叡山の縄張り内に信長が割りこんでくる形となり、それが対立の契機になったわけです。奈良興福寺の僧多聞院英俊《たもんいんえいしゅん》が書いた永禄一三年（四月に元亀と改元＝一五七〇）三月二〇日の日記（『多聞院日記』）から、信長がそれまでの志賀越え道をあらたに整備し、新道（いまでいうバイパスのようなもの）を拵《こしら》えていたことがわかります。信長が家臣の森可《もりよし》

地図③　比叡山焼き討ち関連図

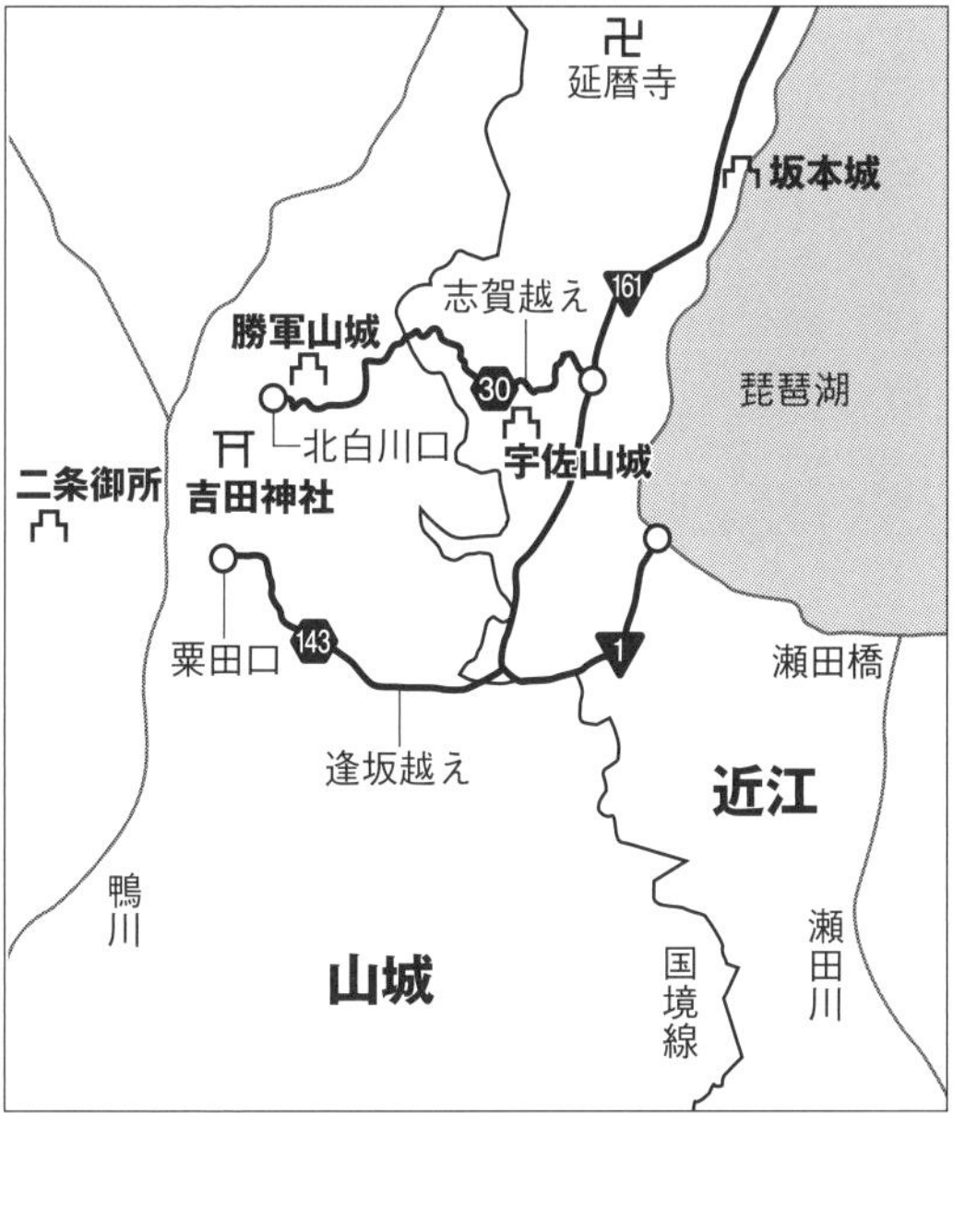

成《なり》（信長の小姓森乱《らん》〈蘭〉丸《まる》の父）に命じて「新路（新道）をこしらへ、これへ上下を通す」というのです。そして、その道を監視させるために信長は可成に宇佐山へ城を築かせ、居城させたのです。道を監視するには、この宇佐山城はうってつけのところにありました。

比叡山にとってこの城が目障りだったことは『朝倉記』からもうかがわれます。これは朝倉氏の興亡を記した軍記物語で、当時の比叡山側の思いはよく伝わってきます。『朝倉記』には、森可成が宇佐山城を築き、山門領（比叡山領）をことごとく横領したので、このままでは当山は破滅してしまうと朝廷に訴えでたと記されています。この話が事実なら、宇佐山城は比叡山領を横領するための拠点でもあったことになります。信長が比叡山領を横領した理由は僧兵らの乱行を制するためともいわれています。たしかにそういう面はあったのかもしれませんが、信長は志賀越え道をめぐる利権争いの延長線上で比叡山の影響力を削ごうとして、横領に踏み切ったという表現はできるかもしれません。

その宇佐山城が朝倉・浅井勢に攻め寄せられたのです。落城こそ免れたものの、城主の可成は討ち死に。信長は弟信治《のぶはる》まで戦死させることになりました。この織田勢と朝倉・浅井勢の対立を「志賀の陣」と呼び、朝倉・浅井勢はその志賀越え道をおさえ、近江から京をうかがう姿勢をみせました。

信長はこの近江の敵を重視し、同年九月二三日、大坂（摂津）からの撤退を決意します。京まで引き上げた信長は、当時すでに宿舎にしていた本能寺で夜を明かし、二四日、すぐさま京を発して大津に陣を張りました。これで南近江における織田勢と朝倉・浅井勢との形勢は逆転するかにみえたので、朝倉・浅井勢は比叡山の領域内である壺笠山《つぼかさやま》（城）や青山《あおやま》（城）へ逃げこんでしまいました。信長にしたら、敵は卑怯にも自身の留守を狙って京近くまで攻めこみ、信頼する家臣（可成）と弟の命を奪った仇敵。憎んでも憎みきれない信長は、山上に逃げこんだ彼らの糧道を断ち、「干殺《ひごろ》し」にしようとしました。

　ところが比叡山延暦寺が朝倉・浅井勢を庇護したのです。比叡山にとっても信長は領地を横領した敵。信長を敵同士とする者らが手を組んだ形です。『イエズス会士日本通信』に「坊主らが食物および家を（朝倉・浅井勢に）供《きょう》（提供）して大いにこれを助け、ことごとく信長の敵となりにけり」と記されています。

　しかも信長にはできるだけ早く朝倉・浅井勢を討たなければならない事情がありました。三好三人衆が福島・野田両城の備えをより強固にしていたほか、本願寺門主の顕如《けんにょ》は、近江の門徒である国衆や地侍らに「無沙汰《ぶさた》の輩《ともがら》は長く門徒たるべからざる」、つまり信長を討たなければ破門するとまでいって、一揆を煽動していたのです。さらに甲賀に逃れていた六角義賢《ろっかくよしかた》までもが兵を挙げました。彼は信長の上洛の行く手を阻み、織田勢に攻められ、居城の観音寺城《かんのんじ》(滋賀県近江八幡市安土町)を捨てて山中《さんちゅう》に隠れていたのです。

いわば信長の周囲は敵だらけ。これではいくら軍勢があっても足りません。まさしく信長の畿内支配がつづくかどうかの瀬戸際だったといえます。よって当時の状況を「第一次信長包囲網」と呼んでいます。

一方、信長は何とか各勢力を個別撃破しようと考えました。そのため最大勢力といえる朝倉・浅井勢を支援する比叡山へ横領した山門領をすべて還付すると、まずは〝飴《アメ》〟で誘います。次いでこの申し出を断ったら、比叡山山上の根本中堂はじめ、三塔(東塔・西塔・横川)の堂塔すべてを「焼き払う」(『信長公記』)と、〝鞭《ムチ》〟で脅したのです。しかし比叡山はこの申し出を無視しました。

結局、朝倉・浅井勢との対陣は三ヶ月の長きにわたり、信長は、越前の朝倉が雪に閉ざされて動けなくなるころを見計らい、当時の室町幕府将軍足利義昭と関白二条晴良《にじょうはれよし》を動かし、何とか朝倉・浅井勢と和睦に持ちこみました。

こうして危機は解消されたものの、信長の比叡山延暦寺への恨みは残りました。比叡山が和睦に反対だったことは『尋憲記《じんけんき》』(奈良興福寺大乗院門跡《だいじょういんもんぜき》尋憲の日記)にみえます。それはそうでしょう。せっかく朝倉・浅井を匿って、信長に対抗していたのにハシゴを外されてしまうからです。それまでの彼らの行動と気が短いとされる信長の性格から考えるに、予告どおり、全山ことごとく焼き払われたとしても不思議ではありません。こうなると、ますます矛盾は広がります。

しかし、考古学調査との矛盾を取り除くための手がかりがないわけではありません。永禄一三年（一五七〇）三月一九日付の『多聞院日記』に「僧衆（学僧や僧兵たち）は大旨《おおむね》、（麓の）坂本に下《くだ》りて」と書いてあるからです。その日付は焼き討ちのほぼ一年半前にあたります。筆者の多聞院英俊がそのとき、比叡山や麓の坂本を巡り見分しているので、たしかな情報といえます。ここで英俊は、比叡山の僧らの多くは山上におらず、麓に下って暮らしていると書いているのです。

一方、『言継卿記』から、織田勢が元亀二年九月一二日に上《かみ》坂本から焼き打ちをはじめたことがわかります。上坂本には比叡山の僧たちが住んでいました。信長は彼らのうち、とくに僧兵らを攻撃対象にしていたのでしょう。信長の焼き討ちの目的は伽藍《がらん》を焼くことでなく、僧兵らを根絶やしにすることだったといえます。

もちろん、上坂本には僧らを世話する一般人やその家族も住んでいました。『信長公記』をよく読むと、彼らや僧兵を含む僧たちが履物もつけず、裸足で山へ逃げこんだと解釈できます。彼らは、逃げこむ先として大人数を収容できる根本中堂や講堂を最も無難な場所だと考えたのでしょう。そこで信長は僧兵らの避難先である建物にターゲットを絞って焼き払い、その巻き添えで多くの老若男女や学僧が犠牲になったといえます。

そうしてあまりに悲惨な結末が、全山ことごとく焼き払われたという誤解に繋がったのかもしれません。つまり信長はただ怒りにまかせて堂塔すべてを焼き打ちしたのではなく、僧兵らが籠もる主要な伽藍にのみ狙いを定め、焼き払わせたという解釈が成り立つのです。ただし考古学調査といっても、全山すべてを網羅したわけではありません。まだまだ確定的なことはいえませんが、通説でいう比叡山焼き打ち事件もまた、見直す必要がでてきているのはたしかなことのようです。

《主な参考文献》兼康保明著「織田信長比叡山焼打ちの考古学的再検討」（『滋賀考古学論叢』第一集所収）、吉永眞彦著「近江坂本における山門延暦寺焼き討ちの検討」（『考古学論究　小笠原好彦先生退任記念論集』所収）、河内将芳著『中世京都の都市と宗教』（思文閣）

其の三

信長は「神」になろうとしたか

信長は中世的権威の破壊者で「無神論者」――長い間、そういわれてきました。また彼が中世的権威を否定してきたことによって、歴史は近世という次のステップに進むことができたとも解されてきました。しかし、いまではその歴史観はおおむね否定されています。信長に革新的な面があったのはたしかですが、なかには誤解にもとづく解釈もまかり通っていたといわざるをえません。

彼が破壊した中世的権威の象徴が前項で述べた比叡山延暦寺です。しかし、その焼き討ち事件は起こるべくして起こったものです。信長がその権威を破壊するために断行したわけではありませんし、焼き討ちした堂舎も根本中堂などの中心伽藍に限られていたといえます。

信長を「無神論者」とする解釈も同様です。そのネタ元といえるのは南蛮人宣教師ルイス・

フロイスの著書『日本史』。そこにこういう記述があるからです。

「彼はよき理解力と明晰な判断力を具え、神および仏の礼拝、尊崇、ならびにあらゆる異教的卜占《ぼくせん》や迷信を軽蔑していた」

生涯を通じて合理的な思考がみられる信長の性格はよく知られていますが、本当に神仏を信じていなかったのでしょうか。まずフロイスにとって日本の神や仏を崇拝する者は異教徒であって、キリスト教布教のためには除かなければなりません。一方の信長もキリスト教を保護し、南蛮貿易を盛んにするために多少のリップサービスはしたでしょう。それでも彼は人並みに神や仏を敬う心をもちあわせていました。そのフロイスがインド在住の宣教師に宛てた手紙で「信長の神仏を崇敬する事薄き」と書きつつも、「偶像山王《さんのう》はすこぶる尊崇せられ」とつづけています。ここでいう「山王」は比叡山の守護神「山王権現《ごんげん》」のことです。その神様は比叡山の麓に鎮座する日吉大社《ひよしたいしゃ》の主祭神《しゅさいじん》です。まったく神を信じていなかったわけではないのです。

信長が「神」になろうとしたという話も結論から述べると、やはり誤解です。彼の生涯をつぶさにみていくと、江戸時代の随筆『甲子夜話《かっしやわ》』に掲載される話――「なかぬなら殺してしまへ時鳥《ホトトギス》」という歌に仮託された信長の印象が強烈なために、イメージ先行で誤解されていることが多いように思います。あらためて彼の生涯を振り返ってみましょう。

信長の織田家は、もとをたどれば尾張守護代の織田家と同じ先祖に至るものの、守護代家より格下の奉行という家柄でした。尾張は上四郡《かみよんぐん》と下四郡《しもよんぐん》にわかれ、そのうち下四郡の奉行だった信長の父信秀《のぶひで》が下剋上でのしあがってきます。彼の勢威《せいい》は下四郡の守護代をしのぎ、さらには上四郡にまで領地を延ばし、隣国の美濃や三河にまで出兵します。信長はその父から居城の那古野城《なごや》（名古屋市中区）と家督を譲られ、清洲に居城を移して尾張統一を成し遂げます。その過程で信長が窮地に陥ったことがありました。彼は生涯なんども試練に直面しますが、このときもそのひとつです。桶狭間の合戦の前哨戦といわれる合戦です。

天文二三年（一五五四）正月、駿河・遠江の

日吉大社

今川勢が尾張進出を図り、三河と尾張の境界線上に村木砦《むらき》（愛知県東浦町《ひがしうらちょう》）を築いたのです。すぐ近くには織田方の緒川城《おがわ》（同）があり、その城が尾張を今川勢から守る防波堤の役目を果たしていました。そこが落ちると、尾張にとっては外堀が埋められたようなもの。しかし当時、尾張統一の渦中にあった信長の周りは敵だらけでした。そこで事実上の美濃の国守斎藤道三《さいとうどうさん》（信長の舅《しゅうと》）に、居城那古野城の守りを託すという離れ業を演じました。舅とはいえ、相手は蝮《まむし》と呼ばれた武将。城を奪われるリスクはありました。逆にいうと、それだけ信長にとって村木砦の攻略は尾張を守るための重要な合戦だったのです。

それでも、村木砦はなかなか落ちませんでした。『信長公記』には、織田勢が丈夫に構えた砦の大堀を攻め上ろうとするものの、「（織田勢は）突き落とされてはまた上がり、手負死人その数を知らず」と記されています。それでも信長は早朝の午前七時ごろから薄暮のころまで攻めたて、ついに今川勢も多くの死傷者をだして降伏してきました。ただ味方の死傷者も多く、信長の小姓たちの多くが討ち取られています。信長は砦を見下ろす高台に本陣を構えていましたが、「それも、それも」、つまり「ご苦労、ご苦労」とばかり、生き残った将兵をねぎらい、「感涙を流させられ候なり」（『同』）というのです。

あの信長が涙を流したのです。怖くて気難しい上司の代表とされる信長が……です。おそらく、死んだ多くの将兵に対する悲しみと生き残った将兵らへの感謝の涙だったのでしょう。

逆にいうと、それだけ信長にとって負けられない合戦だったのです。そして六年後、このときにつづく窮地を信長はしのぎます。それどころか、敵将の今川義元を討ち取りました。桶狭間の合戦です。

信長はその桶狭間の合戦の翌年、清洲城内に推戴《すいたい》していた尾張守護斯波義銀《しばよしかね》を国外へ追放し、名実ともに尾張の国主となりました。その二年後の永禄六年（一五六三）一一月、尾張一国ことごとく領国化した信長が加藤延隆《かとうのぶたか》という熱田神宮門前に居住する家臣へだした安堵状には「このたび国中欠所《くにじゅうけつしょ》候儀《そうろうぎ》」とあり、加藤一族がもつ所領リストを届けださせています。欠所というのは所領を没収すること。加藤一族は信長の父親（織田信秀）の時代にも織田家から安堵状を受け取っていて、その後、増えた所領もありました。所領が増えれば、家臣の加藤一族が織田家に対しておこなう軍役《ぐんえき》負担（合戦の際に負担する兵士の数など）も変わってきます。当然、信長としては尾張を統一したことを機に、加藤一族にあらたに取得した所領を含めて申告するように申し出たのです。

その際に信長は、もしも提出を拒んだら「欠所」にするといって加藤一族を脅しているのです。安堵状に「国中」とあるので、この通達は、加藤一族のみならず尾張一国、すなわち信長の家臣団すべてに通達したものだったことがわかります。家臣を脅して所領を申告させるあたり、たしかに信長らしい話で結局、加藤一族から届け出た所領をそのまま安堵しています。申告内容が正しいかどうかチェックした節はうかがえません。脅しをかけて所領リストを提出させるまではよかったのですが、あとは家臣を信じて所領を安堵しているのです。こののち信長は美濃・伊勢《いせ》・越前などへと征服地を広げ、それら征服した土地の家臣らの扱いはまた変わったものになってきます。信長の尾張時代にはまだまだ家臣らへの遠慮があったのです。

次に、信長の先進性を語るうえで必ず引き合いにだされる「農兵分離」についてみていきましょう。この時代、戦国大名は多くの農兵をかかえていました。荷担ぎ夫《ふ》などとして徴用した百姓のみならず、徒《かち》武者の多くも百姓です。したがって田植えの季節に合戦することはタブーとされました。信長は、彼ら「半農半武」の徒武者を「足軽」として金銭で雇い入れ、常備軍としました。一方、信長のライバルの一人、北近江の小谷城主浅井長政の軍勢の中には地侍と呼ばれる者も多く、彼らは地主として土地に縛られていたので、常備軍というわけにはいきません。その意味で「信長の軍隊」は戦国時代にあって、ほぼ一年中合戦できる強みがあったといえるでしょう。それでもまだ不完全です。足軽といっても村に帰れば農民です。たとえば信長が上洛を果たすまでの出陣記録（藤田達生《たつお》著『本能寺の変の群像―中世と近世の相剋』参照）をみると、やはり八月から翌年の四月までという農閑期に集中しています。信長をもってしても、田植えの季節に合戦はできなかったのです。

つづいて彼の経済政策はどうでしょうか。代表的な政策が楽市楽座《らくいちらくざ》です。「楽」とは規制が緩和されて自由な状態となったという意味です。つまり特権をもつ商工業者を排除することによって、新興の商工業者を育成して経済の活性化を図る政策、ようするに規制緩和によって商工業を活性化しようという政策です。

尾張平定後に美濃攻略を本格化させた信長は斎藤龍興《たつおき》（道三の孫）を追い、永禄一〇年（一五六七）八月、その居城稲葉山《いなばやま》城（岐阜《ぎふ》城）へ入り、その一〇月、城下の加納市《かのういち》に楽市令を布告します。加納市は現在のJR岐阜駅前付近にあった円徳寺《えんとくじ》門前の市です。信長が門前を楽市とすることよって、それまでの商業政策が大きく転換し、中世から近世への窓が開けられたとまで評価されています。

その史上名高い「楽市令」は次のとおりです。

定　楽市場

一、当市場越居之者、分国往還不可有煩、幷借銭・借米・地子・諸役令免許訖、雖為譜代相伝之者、不可有違乱之事

一、不可押買・狼藉・喧嘩・口論事

一、不可理不尽之使入、執宿非分不可懸申事

右条々、於違犯之輩者、速可処厳科者也、仍下知如件

永禄十年十月□日　（織田信長の花押）

せっかくですから、詳しく信長の商業政策をみてみましょう。まず第一条では主に、この市場にやってくる者の通行を保障し、ここで商売する者の税を免除するといっています。既得権によらず誰もが市に商品を並べ、しかも税は免除されるのです。織田家の財政よりもまずは城下を賑わせることを優先する政策です。いったん城下が賑わえば、あとでいくらでも税金は取り立てられます。第二条と第三条は市場の防犯に対する規定です。第二条では、押買《おしがい》（暴力などをちらつかせダンピングを強要する行為など）・狼藉・喧嘩・口論を禁じています。第三条は「理不尽の使い」などを排除する規定です。既得権益をもった商人がこの自由市場にイチャモンをつける行為を禁じているのでしょう。

また、第一条で往来の通行を保障していることはすなわち、往来の安全を保障する意味にも繋がります。これだけ優遇かつ保護されていたら、商人たちも岐阜城下に集まってくるはずです。さすがは信長……といいたいところですが、残念ながら、この政策は彼の独創ではありま

せん。

比叡山焼き討ちで信長を苦しめた六角義賢が居城する観音寺城の城下石寺《いしでら》（滋賀県近江八幡市安土町石寺）において、すでに一五四〇年代に義賢の父定頼《さだより》によって楽市がおこなわれ、そこが楽市発祥の地とされているのです。石寺が楽市で賑わいだすのは、まだ信長が「尾張のうつけ」といわれていた時代のことです。

また信長が旧勢力である座商人の特権を認めた事例も、脇田修氏によって報告されています（「信長政権の座政策」）。やはり、既得権益の壁は厚かったのでしょう。

ところで、信長が楽市を開いた岐阜の城下はもともと井ノ口《いのくち》と呼ばれていたものを、中国の岐山《きざん》（現中国陝西省《せんせいしょう》の山）を参考に地名をあらためたといわれます。それと同じころ信長は有名な「天下布武」の印を使いはじめます。信長がこのころより「天下」をめざし、その表われがこの印だといわれます。まだ尾張と美濃を平定したにすぎないのに天下統一を夢見るとは気宇《きう》壮大《そうだい》、さすが信長だといわれてきました。

しかし信長のいう「天下」というのは、日本全土を意味する「天下」ではありません。詳細は秀吉の章で述べるとおり、ここでの「天下」は、足利将軍家が支配する「天下」を意味します。将軍家はすでに全国を治める力を失くし、畿内（近畿地方）でなんとか勢威を維持できる勢力となっていました。したがって「天下布武」とは、畿内で足利将軍家を中心とする秩序を回復することにあったといえます。また将軍には天下を静謐《せいひつ》に保つ役割（これを「天下静謐執行権限」という）があると考えられていましたから、「天下布武」とは将軍を中心として畿内を静謐に保つことといえます。

じつは、信長が岐阜入りする前年の永禄九年（一五六六）八月、近江の矢島《やじま》（滋賀県守山《もりやま》市矢島町）にいた義昭のもとに伺候《しこう》しようとする動きがありました。義昭が越前入りする前の話です。当時、義昭は近江の六角義賢に匿われていたのです。このとき義昭側近の細川藤孝《ほそかわふじたか》と義賢らが組み、義昭の上洛に信長が供奉《ぐぶ》する計画が進んでいたのです。ところが畿内で勢威を奮っていた三好三人衆が義賢を調略し、その計画は頓挫《とんざ》して、信長も美濃の平定を優先することになったのです。

そうして美濃平定の翌永禄一一年（一五六八）九月、義昭を奉じた信長が義賢を近江の山中に追い、さらには三好三人衆を京から駆逐して上洛を遂げるのです。こうして「天下布武」のスローガンはようやく実現にむけて動きだしたわけです。しかし、最終目標にはなかなか至りません。畿内を静謐に保つには敵があまりにも多かったからです。比叡山焼き討ちの項で書いたとおり、第一次信長包囲網をはじめ、信長は幾度となく包囲網によって窮地に立たされました。そうこうするうちに、信長みずから「天下布武」のスローガンを書き換えることになってしまいます。上洛後、信長と義昭の関係は少しずつ悪くなり、ついには破局のときを迎えたからです。

『信長公記』が「公方様（義昭）御謀叛」と記し、第二次信長包囲網が敷かれるなか、元亀四年（一五七三）正月ごろから義昭は、二条御所《にじょうごしょ》と上京《かみぎょう》の街の防備を固め、その後、石山《いしやま》（大津市）や堅田《かただ》（同）に人数を入れて砦をもうけ、挙兵の準備をはじめるのです。正親町《おおぎまち》天皇の調停で義昭と信長はいったん和解したものの、二条御所を近臣に預け、義昭はその年の七月五日、山城《やましろ》の槇島《まきしま》城（京都府宇治市）へ籠城しました。ついに挙兵したのです。ところが、そのころ第二次信長包囲網の中心にいた甲斐の武田信玄が四月一二日、西上作戦途上の三河で病いを発し、信濃への帰還中に病没していました。武田家はその死を秘匿したと伝わっているので、このとき義昭は信玄の死を知らなかったのでしょう。槇島城は宇治川や巨椋《おぐら》池に囲まれた要害の城ですが、信長の疾風怒濤《しっぷうどとう》の攻撃に城はひとたまりもありませんでした。

義昭は七月一八日に降伏。退去後、『兼見卿記《かねみきょうき》』という公卿の日記によると、落ち行く途次、一行は一揆に襲われ、義昭が所持していた「御物《ごもつ》」（天皇・将軍などの私有物のこと）などを奪われたといいます。やがて義昭は妹婿の三好義継《よしつぐ》（同族の三人衆と対立）の居城河内若江《かわちわかえ》城（東大阪市）で匿われます。将軍ともあろう者が追剝《おいは》ぎの被害に遭うのですから、その権威も地に落ちたものです。こうして将軍を中心に畿内の静謐を保つという当初のスローガンとは裏腹の結果となってしまいました。

それでも信長にはひきつづき、朝廷から畿内の天下を静謐に保つという役割が期待されていました。これも秀吉の章で述べますが、本能寺の変の三〇日ほど前に信長側からの働きかけもあってか、朝廷から「太政大臣か関白か将軍か」いずれかに任じたいという打診を受けています。

こうして信長は中世的権威の象徴である室町幕府を滅ぼしたとされています。しかし義昭はその後も将軍職を手放さず、毛利家の領国内にある鞆《とも》の津《つ》（広島県福山市）で匿われ、幕臣らを従えて鞆幕府と呼ばれます。

幕府は余命を長らえたものの信長が将軍を追放したのは事実ですから、「信長はそもそも義昭を奉じて上洛したのは傀儡にするためであって、将軍の権威を認めていなかった」と誤解されがちです。やはり「中世的権威の否定者信長」という刷りこみが誤解を招いているのでしょう。しかし、そもそも「天下布武」には、将軍を中心に畿内を静謐に保つという意味がありました。信長は決して将軍を蔑《ないがし》ろにしたわけではありません。

そのことは信長が義昭を京から追い出した半年後、奥州の伊達輝宗《だててるむね》（政宗の父）に書状をしたため、すべては越前の朝倉家ら「公儀（義昭）を妨げる妄人《ねいじん》（佞人）」らによって義昭が「御逆心を企てられ候」結果だとしていることでも裏付けられます。ここでいう「御逆心」もさきほどの『信長公記』の「御謀叛」も信長に対するものではなく、「御」という字がついているため、「畿内の静謐を願う天皇や朝廷」への「逆心」あるいは「謀叛」という意味になります。いずれにせよ追放後も信長は義昭を「公儀」と呼び、公権力としての義昭の存在を認めています。いや、認めざるをえなかったのでしょう。

義昭が最終的に毛利家に匿われるまで紆余曲折《うよきょくせつ》があり、じつは当初、毛利家も困惑していました。そこで義昭の再上洛について信長と妥協を図ろうとします。そのために織田家からは秀吉、毛利家からは外交僧の安国寺恵瓊《あんこくじえけい》が堺（大阪府）で会談し、結果は、義昭が無理な条件をだしたために決裂したものの、以上の経緯から、柴裕之《しばひろゆき》氏は「信長が将軍義昭の帰京をうけ入れようとしていたことは間違いない」（『織田信長―戦国時代の「正義」を貫く』）と結論付けています。何も好き好んで義昭を追放したのではなかったのです。

その後も畿内を静謐に保つための信長の戦い――ただしそれは信長からの視点であって、敵や反対勢力からすれば、信長こそが公儀である将軍を追放して畿内の静謐を乱す張本人ということになるのでしょうが——はつづきます。それが実現するのは天正《てんしょう》八年（一五八〇）閏《うるう》三月。第一次信長包囲網のころより信長に抗《こう》し、伊勢長島《ながしま》や越前で信長がその一揆勢を「撫《な》で斬《ぎ》り」（『信長公記』）にしてきた一向宗《いっこうしゅう》の本山、大坂本願寺との和睦が成立したときです。七月には本願寺門跡の顕如が紀伊《きい》の鷺森《さぎのもり》（和歌山市）に退去する取り決めが交わされました。

そうして畿内で敵のいなくなった信長の専制化が一気に進みます。このころ、信長が「神」になろうとしたという誤解がまたひとつ生まれるのです。

当時、信長は自身の誕生日（旧暦五月一二日）に摠見寺《そうけんじ》にある自身の御神体《ごしんたい》を拝むよう人々に強要したと、例によってフロイスが『日本史』に書いているからです。このことが誤解され、「信長は神になろうとした」といわれるのです。摠見寺は天正四年（一五七六）に信長が安土城

摠見寺の三重塔

を築城した際、自身の菩提寺として城内に創建した寺のこと。たしかに、その本堂二階に「ぼんさん（盆山）」という、御神体とされる石が安置されていたと伝承されています。フロイスは摠見寺の一番高いところ、すなわち仏たちより高い空間（本堂二階）に信長が仏間を作り、その御神体である石を置いたと記しています。

当時は神仏習合の時代ですから、寺に御神体があってもおかしくはありません。

一方、『信長公記』によると、安土城の「天主（天守）」の書院には「遠寺晩鐘《えんじばんしょう》」の掛け軸が下がり、その前に「ぼんさん」が置いてあったというのです。「ぼんさん」はそもそも鑑賞用の置物。天主の書院にあった置物が摠見寺の本堂に移されただけなのではないでしょうか。

ではなぜフロイスは鑑賞用の置物を御神体だと誤解したのでしょう。信長が誕生日に寺へ詣でるよう人々に命じたところがポイントになり

安土城の石垣

ます。西洋にはキリストの生誕日を祝う習慣があります。そう、一二月二五日のクリスマスです。フロイスは、信長が誕生日に詣でよと命じた事実をクリスマスの行事と重ね合わせ、「ぼんさん」を御神体と勘違いし、信長は神になろうとしたと『日本史』に書いたのでしょう。それでもまだ、信長はどうしてこのように誤解されることをしたのかという謎が残ります。

それについてもフロイスの『日本史』に書かれています。信長の誕生日に摠見寺に参詣すれば「貧しき者が富裕の身となり、相続者のいないものは子孫に恵まれる」「八〇歳まで長生きし、疾病はたちまち癒《い》える」などという功徳が説かれていたというのです。つまり、信長が自分の菩提寺を現代でいう「パワースポット化」しようとしたのでしょう。そうやって彼は貴賤を問わず、自身への支持を得ようとしたのではないでしょうか。「信長公の生誕日に摠見寺をお参りしたら功徳がいただける」と、自身の死後も人々に忘れさせないようにしたかったのだと考えています。

それを「神になろうとしたというのだ」といわれるかもしれません。しかし以上の話が信長の本音だとすると、「神になろうとした」という話と少しニュアンスが違ってくると思うのです（信長の「神格化」については朝尾直弘《あさおなおひろ》氏や秋田弘毅《あきたひろき》氏らが肯定している）。

一方、前述したように本願寺と和解して以降、信長が専制的になっていったのは間違いありません。「神」になろうと思わなくても、「王」にはなろうとした——そういう節がうかがえます。もちろん、「王」といっても天皇を意味するわけではありません。畿内の静謐を実現したいま、「この信長こそが畿内の支配者に相応しい」という意味での「王」、つまり「畿内の王」だと考えています。信長が「王」を志向した傍証《ぼうしょう》もあります。

天正九年（一五八一）二月二八日のことです。信長は、公家や御所の女房衆はもとより正親《おおぎ》町《まち》天皇まで桟敷《さじき》に招き、御所の東に長大な馬場を築いて、盛大に馬揃《うまぞろ》えをおこなったのです。天皇の御前《ごぜん》で軍事パレードを実施したわけです。前代未聞のことでした。この馬揃えのために、五畿内隣国の大名や天下の駿馬《しゅんめ》が一堂に集められました。当日、摂津・若狭《わかさ》衆ら（一番グループ）、河内・和泉《いずみ》衆ら（二番グループ）、大和《やまと》衆ら（三番グループ）につづき、いよいよ信長が登場しました。その威容に正親町天皇はわざわざ信長に勅書《ちょくしょ》を下し、「このたびの見物、筆にも言にも尽くしがたく、唐国にもかようの事あるまじく」（『立入左京亮入道隆佐記《たてりさきょうのすけ》』）と褒めているのですが、問題は信長の装束《しょうぞく》でした。

彼は眉を描《か》き、頬あてに錦紗《きんしゃ》を用いていたのです。錦紗は中国やインドで帝王が身につける織物だといわれています。その頬あての四方には織り止めがつき、真中に人形を見事に織り成《な》し、その帝王の装束ともいえる「錦紗の頬あて」がことのほか、信長によく似合っていたといいます。信長は天皇の御前で「われこそが畿内の王である」と宣言したかったのではないでしょうか（ただし、今谷明氏はそれが失敗したと指摘する）。

この一年三ヶ月あとに信長が本能寺で斃《たお》れることを考えると、このころ急激に専制化する信長の性格と無関係とはいえません。

村木砦の合戦で奮戦した将兵の活躍に涙したころの信長の姿は、もうどこにもなかったといえるのではないでしょうか。

《主な参考文献》藤田達生著『本能寺の変の群像―中世と近世の相剋』（雄山閣）、脇田修著「信長政権の座政策」（『龍谷史壇』五六・五七号）、渡邊大門編『虚像の織田信長』（柏書房）、柴裕之著『織田信長―戦国時代の「正義」を貫く』（平凡社）、朝尾直弘著『将軍権力の創出』（岩波書店）、秋田裕毅著『織田信長と安土城』（創元社）、今谷明著『信長と天皇』（講談社学術文庫）、拙著『戦国武将の収支決算書』（ビジネス社）

其の四

最新説「本能寺の変」

天正一〇年（一五八二）六月二日早朝、明智光秀が織田信長を討った理由については「諸説」入り乱れて収拾がつかない状況になっていて、ここにきて出尽くした感があります。

まずは、本能寺の変をめぐる諸説を次の三つに大別しました。

①光秀が単独で謀叛に及んだ（単独犯説）

②別の主犯が存在し、光秀はその〝真犯人〟の操り人形だったとする説（真犯人存在説）

③主犯は光秀ながら事件の背後に光秀を後押しする黒幕がいた（黒幕存在説）

この三説の中にも動機ごとにまたいくつかの「諸説」に分けられます。まず《単独犯説》では㋑光秀が信長を恨みに思ったという「怨恨説」㋺光秀が織田に代わる〝明智の天下〟を狙った「野望説」㋩光秀が精神的に病んでいた「ノイローゼ説」㋥正義感から専制君主の信長を討たなければならないと思った「使命説」などなどです。《真犯人存在説》では㋑タイミングよく中国大返しに成功して天下を掌中にした「羽柴秀吉主犯説」㋺秀吉のみならず主犯は複数いるという「真犯人複数説」などがあります。《黒幕存在説》でいう黒幕候補も複数存在します。代表的なものを挙げると㋑「足利義昭（幕府）黒幕説」㋺「イエズス会黒幕説」㋩「朝廷黒幕説」㋥「徳川家康黒幕説」です。

以上のうち、古典的な動機が《単独犯説》の「怨恨説」（①の㋑）です。丹波八上城《たんばやがみ》（兵庫県篠山市）の波多野秀治《はたのひではる》兄弟の処分をめぐって信長が光秀の母を犠牲にしたことを恨んだ話（降伏した兄弟が処刑され、八上城で人質になっていた母が見殺しにされた）、安土城内で信長は光秀を足蹴《あしげ》にした話まであります。よくいわれるのは、家康が信長の招きで安土を訪れた際、饗応役《きょうおうやく》であった不手際を糾弾され、光秀がその役を免じられたことに恨みを抱いたという話ではないでしょうか。『明智軍記』ではその際、信長が森乱（蘭）丸に命じて光秀の頭を鉄扇《てっせん》で叩かせたことになっています。

この《単独犯説》の「怨恨説」からスタートし、さまざまな主犯や黒幕が現われては消えてゆき、一巡してふたたび振り出しへともどっていったという印象があります。本稿では新しい視点で《単独犯説》の「怨恨説」にもとづき、光秀の動機を検証していくつもりです。ただし、その前に、さきほどの分類項目に仕分けられなかった「四国説」について詳細にみておきましょう。

「四国説」の根拠のひとつは『元親記』という長宗我部《ちょうそかべ》元親《もとちか》の一代記に「明智殿謀叛の事、いよいよさし急がれ、すでに六月二日に信長卿御腹を召さる」と書かれているからです。本能寺の変の当日（六月二日）は、信長の三男信孝《のぶたか》が四国へ攻め入る出陣の日にあたり、『元親記』からは、その出陣を止めるため、光秀が「謀叛を急いだ」と読みとれます。

なぜそういう話になるのでしょうか。話は本能寺の変から七年さかのぼります。その天正三年（一五七五）一〇月、土佐一国を統一した元親は四国平定の野望を抱き、嫡男の元服に際して信長から「信」の一字をたまわり、「信親《のぶちか》」と名づけました。元親が光秀を通じて実現した話ですから、その時点で光秀が長宗我部家と信長の取次役になっていることがわかります。元親の正妻は美濃の土岐《とき》一族とされる室町幕府の奉公衆石谷光政《いしがいみつまさ》の娘です。その光政は光秀の重臣斎藤利三《さいとうとしみつ》の実兄頼辰《よりとき》を養子に迎え石谷家を継がせているから、元親にとって義兄（妻の兄）にあたる頼辰は光秀の重臣斎藤利三の実兄という関係になります。その関係で光秀が織田家で長宗我部との取次役、すなわち交渉窓口になっていたのです。

ところがその織田・長宗我部の関係は、天正九年（一五八一）になって急転します。そのころ元親は急激な勢いで四国を切り従え、信長が元親を警戒しだしたことも理由のひとつでしょうが、阿波を本国とする三好康長《やすなが》（もともと三好三人衆とともに信長に反抗していたが信長に下った）による政界工作、つまり織田家への工作が功を奏したようです。『元親記』によると、長宗我部家が阿波・讃岐を手に入れたら、必ずや「淡州《たん》」（淡路島）にも勢力を伸ばしてくると信長に中傷した者がいました。その後、信長は当初、四国で「切取り自由」としていた元親との約束を反故《ほご》にし、事実上、長宗我部家を土佐一国と阿波半国に封じこめると宣言したのです。信長に中傷したのが誰かは不明ですが、三好康長だとされています。

しかし四国平定の野望を実現しかけていた元親にしたら、とうてい承諾できる内容ではありません。彼は「四国の儀は某《それがし》（元親のこと）が手柄をもって切り取ったことであり、信長卿の御恩たるべき儀にあらず」（『元親記』）といって反発します。一方、長宗我部家が光秀を取次役としていたのに対して、三好康長は四国における勢力回復を狙い、羽柴秀吉に近づいたのです。そのころ康長は秀吉の甥である秀次（のちの関白豊臣秀次）を三好家の養子に迎え、秀吉との絆は強固になっていました。

信長の政策変更はいわば、「元親―光秀」ラインが「秀吉―康長」ラインに政治的に敗北したことを意味します。六月二日に信孝軍が予定どおり大坂から出陣し、長宗我部家が滅亡したら、せっせと築きあげてきた織田家における光秀の地位が秀吉に奪われてしまいます。この説の主唱者、歴史学者の藤田達生氏は著書（『証言　本能寺の変』）において、播《はり》磨《ま》・但馬《たじま》・因幡《いなば》の各国を橋頭堡《きょうとうほ》として中国地方の諸将に勢力を及ぼそうとする秀吉に対して、光秀は「四国を長宗我部氏で統一することで、九州をにらんだ外交政策のキーパーソンになることができた」と論じています。

ところが信長は天正一〇年（一五八二）五月七日、四国平定後に「讃岐《さぬき》は信孝、阿波は康長、伊予《いよ》・土佐《とさ》は淡路へ出馬してから沙汰する」旨を表明したのです。その信長による四国分割構想の中に長宗我部の名

本能寺の変「人脈相関図」

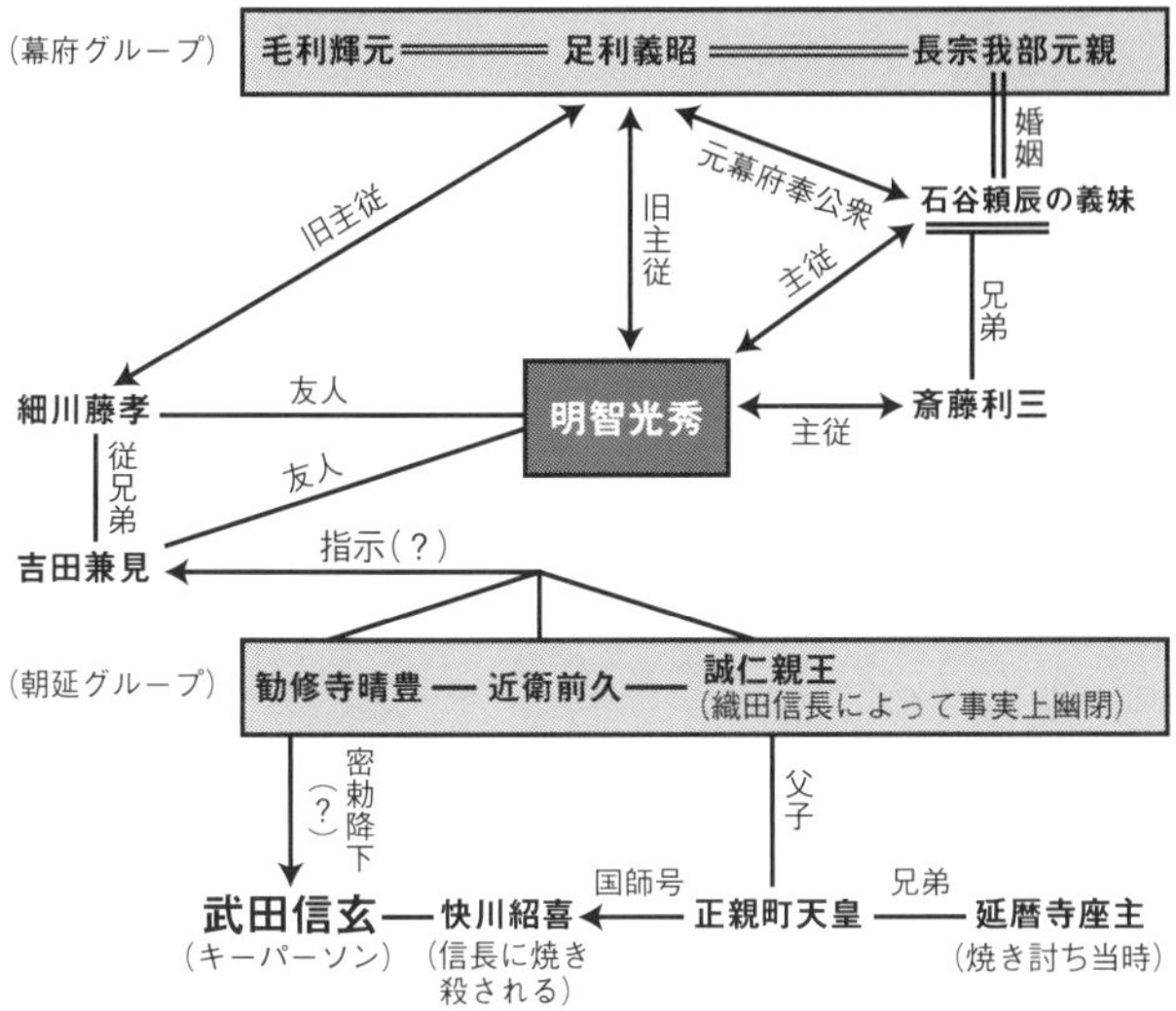

はありませんでした。山崎《やまざき》の合戦（京都府大山崎町）で明智軍が秀吉軍に大敗した後の話ですが、捕えられた斎藤利三をみて公卿の山科言経《ときつね》が「日向守（光秀）内斎藤（内）蔵助、このたび謀叛随一なり」（『言経卿記』）と記しています。また長宗我部氏が実施した検地史料によると、土佐に斎藤氏や石谷氏の身内が安住の地を求めて下っていますから、元親と縁戚関係にある利三は、光秀以上に信長の四国攻めに反感を抱いていたともいえます。

さらに元親がのちに「謀叛随一」と呼ばれる利三へ宛て、天正一〇年五月二一日付で出した手紙の存在が注目されています。

そこには元親の信長への恭順の意思がこめられていました。すでに織田家の支援を受けた三好勢が安房の諸城を攻撃し、守り切れなくなったのでしょう。元親は「一宮《いちのみや》（一宮城＝徳島県徳島市）をはじめ、ゑひす山城（夷山城《えびすやま》＝同）、畑山城《はたやま》（同阿南市《あなん》）、うしきの城（牛岐城《うしきじょう》＝同）、仁宇（仁宇城《にうじょう》＝同那賀町《なか》）残らず明け退き申し候」として、それらの阿波諸城から撤退する考えを利三に示しています。また、〝四国の臍《の》〟と呼ばれる重要拠点の白地城《はくち》（同三好市）と海部城《かいふ》（同海陽町《かいよう》）だけは明け渡せないが、決してそれは阿波に野心を抱いているためではないとも述べています。しかしながら、これまで粉骨《ふんこつ》努力し、謀叛の意思などまるでないにもかかわらず、それでも長宗我部を成敗しようとするのなら、「料簡《りょうけん》に及ばず候」、つまり、もはやどうしようもなく戦うしかないと結んでいるのです。

そうした元親の覚悟を知った利三が光秀と謀り、『元親記』にいう「謀叛の事、いよいよさし急がれ」という状況になったというのなら、話の筋は通ります。切羽詰まった元親が利三を通じて光秀に泣きつき、光秀もこのままでは織田家内の確固たる地位を秀吉に奪われかねず、四国への渡海を中止させるために謀叛に及んだという文脈となります。

しかし光秀がいくら長宗我部家の取次役であったとしても、それだけの理由で謀叛という行為に踏み切るでしょうか。仮に光秀が利三を通じて謀叛をせっつかれたとしても、彼自身に明確な動機なくしては行動に移せなかったはずです。そこであらためて光秀自身の動機を探ってみましょう。

まず光秀には少なくとも五人以上の娘がいて、彼女たちを重臣や近隣の与力《よりき》（傘下の）大名に嫁がせ、そうした縁戚関係を含めると、かなり広範なネットワークを築いていました。天正一〇年当時のそれを確認すると、次のようになります。

丹波一国（明智光秀）・丹後《たんご》一国（細川藤孝）・大和一国（筒井順慶）・四国半分（長宗我部元親）・近江（明智光秀と織田信澄《のぶずみ》＝いずれも西近江）・山城（明智光秀）の一部（カッコ内はその事実上の領主）。

『川角太閤記《かわすみたいこうき》』によると、このころの明智家単独の石高も二五万石にふくらんでいたといいます。こうして信長が光秀を警戒しはじめ、五月に入って四国攻略を宣言したのも、この光秀のネットワークの一角を崩しておく狙いがあったからでしょう。まず、そのころ専制的になっていた信長に警戒されたことが謀叛への大きな布石になったと考えています。

以上の話を踏まえ、ここからは光秀側に立って考えていきましょう。まず天正一〇年正月、光秀の末子内治麻呂《うちまろ》が坂本城内で誕生しています。このとき正妻の煕子《ひろこ》はすでに亡くなっていますから、末子の生母は光秀の後妻もしくは側室ということになります。永正《えいしょう》一三年（一五一六）生まれの光秀はこの年、六七歳を数え、人生百年時代といわれる現代ならともかく、当時としてはかなりの高齢でした。それでなくても年とってからの子ども、とくに末っ子は可愛いといいます。その思いは現代も戦国時代も変わらないのではないでしょうか。

そんな思いを抱く光秀が甲州遠征中の三月、諏訪でそれまでなら考えられない仕打ちを信長から受けたのです。

なにしろ、これまで同僚から嫌われようが批判されようが、徹底して信長の意に沿うよう行動してきたとされる光秀のことです。宣教師のルイス・フロイスは『日本史』で「（光秀は信長の）寵愛を保持し増大するための不思議な器用さを身に備えていた。（中略）誰にも増して、絶えず信長に贈与することを怠らず、その親愛をえるためには、彼を喜ばせることは万事につけて調べているほどであり、彼の嗜好や希望に関していささかもこれに逆らうことがないよう心掛け、彼の働きぶりに同情する信長の前や、一部の者がその奉仕に不熱心であるのを目撃して、自らは（そうでないと装う）必要がある場合などは涙を流し、それは本心からの涙に見えるほどであった」と書いています。

いまでいうなら、上司におべっかを使い、贈り物を欠かさず、ご

本能寺の変をめぐる信長・光秀・家康の動き

天正10年（1582）5月	
14日	・光秀が家康の接待役を命じられる
15日	・家康主従が安土に到着
17日	・信長が光秀の接待役を解き、毛利と対陣中の羽柴秀吉の加勢を命じる
20日	・光秀の後任の接待役に丹羽長秀、堀秀政が任じられる
21日	・家康主従が上方遊覧のために安土を発ち、京・大坂をめぐる
26日	・光秀が亀山城に入る
27日	・光秀が愛宕山でくじを引く
28日	・光秀が連歌会の「愛宕百韻」を催す
29日	・信長が安土を発つ。家康が堺に入る
天正10年（1582）6月	
1日	・朝廷の重鎮が本能寺の信長へ伺候する ・家康が堺で津田宗及から接待を受ける
2日	・早朝、光秀が本能寺で信長を討つ ・家康が堺から京へ向かう途次、本能寺の変を知り、伊賀越えで三河へ逃げ帰る
4日	（信長が西国へ出陣する予定日）

機嫌を取るようなものでしょう。このくだりは本能寺の変後に書かれていますので、すべて鵜呑みにはできないとしても、そうやって光秀は、信長との関係を良好に保ってきたつもりでした。

ところが信長が甲斐の武田家を滅ぼして、軍勢が信濃《しなの》上諏訪の法花寺《ほっけじ》（長野県諏訪市）に着陣した際、その本堂で諸将並居る中、光秀が「さてもかように目出度いこと（武田滅亡）がありましょうや。われらも年来骨折った甲斐があったというもの……」というや、信長の表情がみるみる曇り、「汝《なんじ》（光秀）はいつどこで骨折り、武功を挙げたと申すのだ。日頃粉骨いたしたのはこの信長ではないか」と激怒し、懸け造《づく》りの欄干まで引っ張りだし、その頭を欄干に叩きつけたというのです。

これが事実なら修羅場以外の何物でもありません。この話のネタ元は『祖父物語』という江戸時代初めの実録集です。あくまで伝聞を集めたものだから史料価値は落ちます。しかし、『川角太閤記』にも状況描写まではないものの、光秀が諏訪で信長の怒りを買ったことが記されているので〝何か〟はあったはずです。

さらに帰国後、それに追い打ちをかけるように、明智家の将来にかかわる決定が下されます。その際、光秀の脳裏に浮かんだのは、生まれたばかりの内治麻呂のあどけない笑顔ではなかったでしょうか。光秀がもっと若かったら問題なかったかもしれませんが、六七歳という年齢に達していた彼は、末子の将来を危ぶんだはずです。ちなみにその末子は喜多村弥平兵衛《きたむらやへいひょうえ》として生《せい》を全《まっと》うしますが、そんな先のことまで読めない光秀の脳裏に「謀叛」の二文字が初めて浮かんだのではないかと思います。それでは、いったいどんな決定が下ったのでしょうか。

それは光秀の領国丹波と近江を召し上げ、出雲《いずも》・石見《いわみ》（島根県）の二国を与えるというものでした。『明智軍記』ほかの「信頼できない」といわれる軍記物に記載されている話です。それを事実とするのには抵抗はあります。ただし武田が滅亡して大きく東へ版図を広げた織田政権がこの年、家臣の国替えを積極的におこなっているのは事実です。たとえば滝川一益《たきがわかずます》は上野《こうずけ》、河尻秀隆《かわじりひでたか》は甲斐《かい》、森長可《ながよし》は北信濃。五月七日の四国分割構想では、讃岐は三男の信孝、阿波は三好康長に与えられる予定でした。光秀の身内でも丹後を与えられた細川藤孝が旧領の山城国長岡郷（京都府長岡京市付近）を召し上げられています。光秀だけが国替えの対象外だったと考えるほうが不自然です。

光秀が出雲・石見へ国替えを迫られていた事実は、本能寺の変の三日前に石見の福屋彦太郎《ふくやひこたろう》という国衆に宛てた書状で裏付けられます。そこでは光秀が羽柴秀吉の加勢で備中へ出陣したのち、山陰方面へ転戦する旨が記載されていたからです。秀吉に加勢したのち、山陰へ転戦する理由としては、そこが新たな領地だったためという以外の理由は考えられません。もちろん、出雲・石見の二国を与えられることに異存はなかったでしょうが、近江さらには苦労して平定した丹波を召し上げられるのは看過できなかったのでしょう。それでも末子の内治麻呂が生まれる前なら素直に従ったかもしれませんが、彼の将来を考えると不安でならなかったのではないでしょうか。

なにしろ、山陰地方は毛利輝元の勢力圏。六七歳という高齢を考えると、寿命が尽きるまでにその二国を平定できるかどうかはわかりません。もし平定できなかったらどうなるのか、光秀にはよくわかっていました。本願寺と和睦して畿内に信長の敵がいなくなった際、信長は弾《だん》劾状《がいじょう》を重臣の佐久間信盛《さくまのぶもり》父子へ送りつけ、高野山へ追放しています。その追放の理由は、信盛が天王寺砦（大阪市）の守将で本願寺戦争における司令官の一人だったにもかかわらず、「この

光秀が討ち死にしたと伝わる明智藪

五年間（本願寺戦争を指す）、何ら功績をあげておらず、世間もそれを不審に思っていた。われわれにも思い当たるところがある」（『信長公記』）ためだとしています。高齢で精神的にも弱気になりつつあった光秀が大いなる不安を覚えるのは当然のことです。

そこに追い打ちがかかります。『多聞院日記』には「このたび順慶、東国出陣につき」という表現があり、歴史学者の谷口研語《たにぐちけんご》氏は「「東国出陣」とするのは「東国への国替え」とするのが妥当だろう」と論じています（『明智光秀　浪人出身の外様大名の実像』）。すでに東国に織田家の宿敵武田家はおらず、小田原城の北条《ほうじょう》家とも友好関係を築いていました。国替えのほか、軍勢を引き連れて東国遠征する理由がないからです。順慶が東国へ国替えされるということはすなわち、光秀の与力から切り離され、東国の滝川や河尻、さらには駿河の徳川家康あたりの与力になることを意味しています。光秀の縁戚ネットワークの一角まで崩れたのです。順慶の国替えには、光秀の縁戚関係や与力衆の一体関係を警戒した信長の深謀遠慮《しんぼうえんりょ》があったのでしょう。

こうして高齢からくる将来への不安と信長への不信感が同時に芽生え、とくに末子の行く末を案じた光秀が謀叛へ至ったのだと筆者は理解しています。

もちろん、朝廷が強引な信長の政治手法を警戒し、前関白近衛《このえ》前久《さきひさ》あたりが黒幕となって光秀を動かした面はあったと思います（「朝廷黒幕説」）。「四国説」のところで述べたように、利三にせっつかれ、織田軍の四国渡航前に信長を討とうと考えた面もあったのでしょう。

とはいえ、やはり謀叛という行為には光秀自身の明確な動機が必要です。光秀は生まれたばかりの末子の将来を案じ、信長を消去しなければ明智家の将来は怪しくなると思い、これまで平身低頭して仕えてきたことを一切鑑《かんが》みずに暴走する信長への恨みが背中を押したのではないでしょうか。

《主な参考文献》藤田達生著『証言　本能寺の変』（八木書店）、谷口研語著『明智光秀　浪人出身の外様大名の実像』（歴史新書y）、拙著『信長を殺した男―明智光秀の真実』（ビジネス社）、同著『明智光秀は二人いた！』（双葉社）

秀吉の章

其の一

最新説「秀吉が本能寺の変を予測していた」は本当か？

木下藤吉郎秀吉（のちの羽柴秀吉）の出自については諸説あります。最も有力なのは、尾張中村（名古屋市中村区）の百姓木下弥右衛門《やえもん》の長男という説でしょう。秀吉はやがて信長に仕え、頭角を現わして足軽大将から侍大将、さらには重臣へ取り立てられるというのも通説です。秀吉の前半生については謎が多く、決して通説どおりとはいえない史実がどこかに隠されているかもしれません。しかし、なにぶん当時の秀吉について書いた一次史料がほとんどない状況で、新説を導きだすのが難しい状況です。

その半面、彼の後半生については一次史料も多く、これまでに多くの通説が見直されてきました。そして最近では、秀吉の生涯で最大のターニングポイントといえる「中国大返し」でもいくつか見直しが進んでいます。

天正一〇年（一五八二）六月二日、織田信長が京の本能寺で明智光秀に討たれたとき、秀吉は毛利《もうり》方の備中《びっちゅう》高松城（岡山市）を包囲し、信長が加勢にやってくるのを待っていました。一方、輝元《てるもと》率いる毛利本軍は、高松城の南西方面、およそ一〇キロの地点の猿掛《さるかけ》（岡山県倉敷市）で後詰していました。

ところが秀吉はいち早く変事の正確な情報をつかみ、さっさと毛利との講和をまとめ、世にいう「中国大返し」で京へとって返します。こうして本能寺の変の一一日後（一三日）には山崎（京都府大山崎町）で明智軍を破っています。光秀は居城の坂本（滋賀県大津市）へ逃げ帰る途中、小栗栖《おぐるす》（京都市伏見区）で残党狩りの百姓の槍にかかって悲運な死を遂げました。

この成功が秀吉を天下人に押しあげた重要なファクターであるのは間違いありません。この年の一〇月一八日付で秀吉が織田信孝（信長の三男）の老臣らに宛てた披露状（貴人への敬意を示すためにその側近に送る書状のこと）の案文（草案）に「六日まで高松に逗留し（中略）二七里（一〇五・三キロ）ある行程を駆け、七日には一日一夜で姫路（当時の秀吉の居城のひとつ）に入りました」とあります。つまり、高松から一昼夜でおよそ一〇〇キロを走破したといっているのです。ある自衛隊関係者は、それが旧帝国陸軍であれ、また陸上自衛隊であれ、一日徒歩で三〇キロ行軍するのは決して簡単なことではないといいます。それを秀吉は夜通し駆けつづけて、

「簡単なことではない」という三倍の距離を行軍したことになります。徒士の者（歩兵）や荷駄隊の到着は遅れ、あくまで馬に乗った者だけが駆け抜けたと考えたとしても「奇跡」というしかありません。

ただし、これは秀吉の主張にもとづく話です。たしかに一次史料ではありますが、自身の手柄を誇大に吹聴したいところはあったでしょうから、頭から鵜呑みにはできません。じつは、秀吉の「中国大返し」については、この披露状案にあるとおり、高松城出発を六日とする説のほか、出発は四日だったという説があり、姫路（兵庫県姫路市）到着もその両説によって当然のことながら分かれています。整理するとこうなります。

天王山中腹から山崎古戦場跡をのぞむ

A説：四日午後高松出発・六日夜姫路到着
B説：六日午前高松出発・七日夜姫路到着

スピードを重視する大返しで、とくに高松出発の日程がおよそ一日半ずれているのはかなりの差といえます。いったいどちらを採るべきなのでしょうか。

そしてもうひとつ、大返しについて三重大学教授の藤田達生氏から重大な主張（新説）が投げかけられています。秀吉は、光秀が謀叛を起こすと事前に知っていた——つまり、本能寺の変が起きることを知っていたという説です。興味深い話です。その前に、まずは大返しの日程について検証してみましょう。

両説あるのは、史料によってA・Bそれぞれの日程に分かれているためです。しかし、どの史料を信じるかという単純な問題でもありません。当時の情勢を整理しながら確認していきましょう。

事前に知っていたという話はひとまずおいて考えると、秀吉は、いつどうやって本能寺の変のことを知ったのでしょうか。これまでのところ、長谷川宗仁《はせがわそうにん》という茶人からの情報ルート説が有力です。彼は変の当日、信長の招きで本能寺に逗留し、辛くも虎口《ここう》を逃れ、秀吉に早飛脚を送ったと考えられます。情報が備中に届いた日付や時間も史料によって微妙に違ってきますが、三日の午後から四日の明け方にかけてのことだったのはたしかです。

いくつかある史料の中で筆者は『川角太閤記』の内容に注目しています。その作者は秀吉の家臣田中吉政《たなかよしまさ》に仕えた川角三郎兵衛《さぶろうひょうえ》という人物です。覚書(メモ)や聞書《ききがき》を中心にまとめているという点で信用できる史料のひとつです。『川角太閤記』によると、秀吉のもとへ早飛脚が届いたのは三日の亥刻《いのこく》(午後一〇時ごろ)。秀吉は側近の蜂須賀正勝《はちすかまさかつ》に命じて飛脚の者を一部屋に押しこめ、誰にも会わせないようにしています。また秀吉がその後、街道筋に見張りを派遣すると、本能寺の変を知らせる注進状が雨のように届いたというのです。毛利より東側にいた秀吉が京からの情報を自分たちのところで遮断していたことがわかります。

一方、このとき秀吉がすでに毛利との講和に入っていた事実が各史料から確認できます。講和条件はむろん、事前にある程度まで信長と擦り合わせした上での話でしょうが、秀吉にとって講和を進めていたことが幸いしました。変事をうけて講和交渉に入ったとしたら、毛利方にいろいろと勘繰られてしまうからです。

秀吉は四日、かねてより毛利に示していた講和条件を譲歩し、備中・備後《びんご》・美作《みまさか》・伯耆《ほうき》・出雲の五カ国割譲《かつじょう》に代え、備中・美作・伯耆三国の割譲と高松城主清水宗治《しみずむねはる》の切腹を求めました。当時、高松城は秀吉の水攻めで水没しかけていて、宗治は城から漕ぎだした小舟に乗り、羽柴勢が見守る中で見事、腹をかっさばきました。それが四日の午前。『川角太閤記』によると、「四ツ五ツのころ」とあるので午前八時から午前一〇時ごろだとみられます。

A説に従うと、宗治の切腹を見届け、午後になってすぐさま大返しをはじめたことになります。しかし、まだ毛利の本軍が猿掛に滞陣中です。いわば敵に後ろを見せて大返しするわけですから、背後を衝かれる恐れがあります。秀吉は側近の者を高松城に残したといわれますが、それでも不安が残ります。引き返したい衝動を抑え、翌五日は毛利本軍の動きを注視しておく必要があります。こうした理由から秀吉の大返しは六日の午前とするのがB説です。

どちらが正しいのでしょうか。じつは秀吉との講和がなった直後（五日）、連携する紀州雑《さい》賀《か》衆（※）から毛利側にも信長が死んだという情報は届いていました（『金井文書《かないもんじょ》』）。ところが、六日付の毛利方の重臣小早川隆景《こばやかわたかかげ》（毛利元就《もうりもとなり》の三男）の書状には、信長の重臣柴田勝家《しばたかついえ》と光秀が組んでいるなどと、誤った情報が交じっています。つまり毛利方の情報は錯綜《さくそう》し、動くに動けない状況にありました。また羽柴軍の正確な軍勢の数は不明ですが、毛利本軍の兵力は一万余（『野坂《のさか》文書』）とされています。山崎の合戦の際の羽柴軍の総勢（二万以上）から推しても、毛利本軍を上回っていたのはたしかです。それでも一万という兵力は、敵に後ろをみせてひた走ろうとする秀吉にとって不気味な存在だったでしょう。結果として毛利軍は動きませんでしたが、それはあくまで結果論です。その意味では、慎重に行動したB説（六日発説）が妥当のように思われます。

そこで、輝元に仕えた毛利家臣玉木吉保《たまきよしやす》が残した記録『身自鏡《みのかがみ》』の内容が注目されるようになりました。秀吉が毛利の外交僧安国寺恵瓊を通じて三日に講和交渉をおこなった際、こんな話があったというのです。秀吉が恵瓊に「中国（毛利）を織田のものとする謀《はかりごと》の証拠をそなたにおみせしよう」といって連判状《れんぱんじょう》をみせると、恵瓊は「肝を冷やした」とあります。なぜなら、毛利の重臣でその連判状に名が洩れているのは五人にすぎなかったからです。

すなわち、重臣の多くが秀吉の調略を受けていたというのです。このような状況では追撃などできません。もちろん、秀吉のハッタリの疑いがなくはありません。連判状を偽造した疑いもあります。また、この史料の成立は江戸時代になってからです。この話が事実かどうかは微妙です。しかし、筆者は史実であろうと考えています。

一方、いくつかの史料は毛利側から講和話を持ちだしたとしています。ならば、秀吉の調略がある程度は功を奏し、毛利の家中に波風が立っているところに信長が秀吉の加勢にくると聞いてさらに動揺し、その前に講和をまとめようとしたと考えられます。

毛利がこのとき織田勢の攻勢に苦しんでいたのは事実です。少し話をさかのぼると、天正元年（一五七三）に都を追われて、いわば流浪の将軍となっていた足利義昭が天正四年（一五七六）、押しかけ気味に毛利の領国にやってきて備後鞆《とも》の津《つ》（広島県福山市）に居座ったとき、織田家との関係を考えて迷惑に思う半面、将軍に頼られたことを「当代の面目」と小早川隆景は発言しています。鞆の津で義昭は幕府の奉公衆の一部を従え、かなり縮小された権限ではあったものの、将軍として振る舞っています。したがいまして、この義昭の政権を鞆幕府と呼んでいます。結果、毛利と織田の関係はこじれ、義昭が鞆の津入りした年の一〇月に秀吉の中国攻略がはじまります。毛利も当初は義昭を奉じて上洛する意思を示していましたが、秀吉に播磨・但馬・美作・因幡と次々に攻略され、守勢一方に追いこまれていたのです。

そのような毛利方の心理分析から大返しを再考すると、その動揺を知っている秀吉が講和をまとめて宗治の切腹さえ見届ければ、毛利の動きをさほど警戒する必要はありません。こうしてA説の可能性がでてくるわけです。A説に従って姫路到着までの日程をみると、B説に比べて行程に少しだけ余裕が生まれます。以上の理由で筆者もA説が現実的だと考えをあらためています。

それでは次にA説にもとづき、姫路までの大返しルートを確認してみましょう。四日の午後に高松城を発った秀吉はまず幹線道の山陽道をめざします。山陽道に入ってすぐ野殿《のどの》（岡山市）

というところで野営したとみられます。一気に進まないあたり、やはり毛利への警戒を解いていないのです。その野殿で秀吉は摂津茨木城主中川清秀《なかがわきよひで》からの書状を受け取っています（秀吉の返書＝『梅林寺《ばいりんじ》文書』）。摂津衆の清秀はおおむね信長が光秀に討たれた事実を知っていたと思われるので、今後どう立ち回るべきか悩み、畿内から最も近いところで大軍を抱えていた秀吉の動向を知ろうとしたのでしょう。秀吉は清秀ら摂津衆の動揺を鎮めるため、「信長父子は無事切り抜けて膳所《ぜぜ》（大津市）まで逃れた」とニセ情報を流しています。それはともかく、清秀に「今日中に沼まで移動します」と伝えていることが重要です。

沼というのは羽柴陣営の宇喜多秀家《うきたひでいえ》（秀吉の猶子《ゆうし》＝養子）の居城です。少なくとも四日中に高松を発っていなければ、野殿で書状を受け取り、その返書を書いた五日中に沼に入るのは難しい。以上のことから、A説の根拠になっている史料です。野殿で野営し、五日の午前の早い時間に発てば、そこから一五キロ先の沼城には遅くとも昼下がりの時間帯に入り、兵に休息を与えられます。それが無難な行程でしょう。

一方、秀吉の近臣が細川忠興《ほそかわただおき》（のちの豊臣恩顧《おんこ》の大名の一人）の重臣松井康之《まついやすゆき》に宛てた手紙（添え状）によると、「六日中に姫路にもどり、九日に出陣した」とあります。沼城から姫路城までは七〇キロ以上あります。五日の夜に沼城を発ったとしてもほぼ丸一日で姫路城に入るのは至難の業です。しかも途中には難所の船坂峠《ふなさか》（岡山県と兵庫県の県境）があり、当日は悪天候だったともいわれます。

Ａ説・Ｂ説のどちらにしても、この「沼―姫路」間の七〇キロ以上の強行軍が秀吉の天下取りを呼びこんだのは間違いありません。彼の大返しが「奇跡」と呼ばれる所以です。もちろん、秀吉が姫路を出発する九日まで、七日と八日の中二日をはさんでいるのは、遅れてきた兵たちを待つ目的のほか、彼らに休息を与える狙いがあったのでしょう。それだけ強行軍だった証拠です。このとき秀吉は荷駄などを姫路まで船で運んだという説もあります。

一方、姫路からはそれまでとは一転し、羽柴軍は明智勢の様子を探りながら、ゆっくり京へ軍を進めています。姫路城は、もともと側近の黒田孝高《よしたか》（のちの如水《じょすい》）が居城し、織田陣営入りした際に秀吉に献上しています。つまり姫路はもう秀吉の勢力圏。大返しの行程は「高松―姫路」を前半、「姫路―山崎」を後半とみなすのが一般的で、前半こそがドラマなどでいう見せ場となります。

後半の行程はほぼ定まっています。九日の朝に姫路を発ち、明石（兵庫県明石市）・兵庫（神戸市）をへて十一日の午後に尼崎（兵庫県尼崎市）着。翌一二日に尼崎を発ち、その日のうちに摂津富田《とんだ》（大阪府高槻市）に入りました。そして翌日、山崎で決着をつけるのです。

それでは本当に秀吉は事前に本能寺の変が起きることを知っていたのでしょうか。藤田氏はさきほどあげた『身自鏡』の一節に注目しています。例の秀吉と恵瓊との講和交渉では、このようなやりとりがつづいていたのです。

例の連判状をみて恵瓊が肝を冷やした後、秀吉は恵瓊に「毛利輝元殿の御謀《おはかりごと》が浅くなかったがために信長が果ててしまわれた」といっているのです。藤田氏は天正一〇年二月、毛利氏が土佐の長宗我部元親（このとき四国の大半を統一しかけていた）に軍事同盟を持ちかける動きがあり、鞆の津にいる義昭がこの年の五月まで明智光秀と連絡を取り合っていたと指摘されています。すなわち、秀吉が恵瓊に語った「毛利輝元殿の御謀」は、義昭を中心に毛利・長宗我部が組み、そのネットワークにつながる光秀が信長を討つという企てだということになります。以上のような構図下で光秀がクーデターを起こすことを事前に知っていたからこそ、秀吉が「毛利輝元殿の御謀」だと恵瓊に伝えたというのが藤田氏の主な主張です。

「御謀」の可能性はあったと思います。その場合、やはり光秀には黒幕がいて、その黒幕こそ足利義昭を中心にした毛利・長宗我部・雑賀衆などのネットワークだったということになります（幕府黒幕説）。ただし、信長の章のところで書いたとおり、仮に義昭が光秀の黒幕だったとしても、やはり光秀が謀叛に至るには、より確実な動機が求められます。

秀吉にしたら、そういう毛利方の計画があったと恵瓊に知らせることで彼に脅しをかける効果を期待したのでしょう。そもそも秀吉が「毛利輝元殿の御謀」を知るには、重臣たちを調略し、彼らから情報を仕入れていなければならないからです。ある意味それは、秀吉が毛利の重臣の多くを調略していた証拠になるはずです。

ただし、秀吉がどこまで「毛利輝元殿の御謀」を信じていたかどうかはわかりません。まさか現実に起きると予期していなかった本能寺の変の急報を聞き、驚いたことでしょう。

一方で秀吉が「信長が果ててしまわれた」と毛利方に伝えている点はどうでしょうか。秀吉みずからが毛利方に本能寺の変の正確な情報を伝えたとする史料は他にもあります。街道を監視して情報管理を徹底し、かつ正確な情報を握り、いわば毛利との情報戦に勝利している秀吉としては、毛利方の反応をうかがう狙いがあったのかもしれません。仮に輝元の「御謀」がうまくいったとしても、信長が亡くなったというだけではすぐ動くわけにはいきません。実際、毛利にもたらされた情報が不正確だったことは前述したとおりです。

さらに、もう少し掘り下げて考えてみましょう。秀吉はどうして本能寺にいた長谷川宗仁から情報を受け取ることができたのでしょうか。宗仁は本能寺にいたわけですから、その情報が正しいのは当然です。しかし秀吉は何やら「京で何かが起きる空気」を感じていたからこそ、事前に宗仁に依頼し、何か変事があったらただちに早飛脚を差し向けるよう手配していたとも考えられます。つまり、「毛利輝元殿の御謀」があるかどうか半信半疑だったとしても、「京で何かが起きる空気」だけは感じ取っていたということです。

　そう考えると、すべてにおいて手回しがよすぎる秀吉の行動も納得がいきます。映画『アルキメデスの大戦』で戦艦大和などの製図監修をつとめた船舶設計技術者の播田安弘《はりたやすひろ》氏は「数字」から歴史を読み解く手法で、大返しという激しい運動量をともなう羽柴軍の兵士一人あたりの一日の消費エネルギーをまかなうには、おにぎりが二〇個必要だと説いています。羽柴軍の総勢を二万と少なく見積もっても四〇万個（重量にして二〇トン）です。藤田氏はこの計算を援用《えんよう》し、水も毎日二万リットルが必要で四斗樽に換算すると二七七個分になるとしています。それだけでも準備するのにかなりの時間がかかる

光秀と秀吉の代理戦争

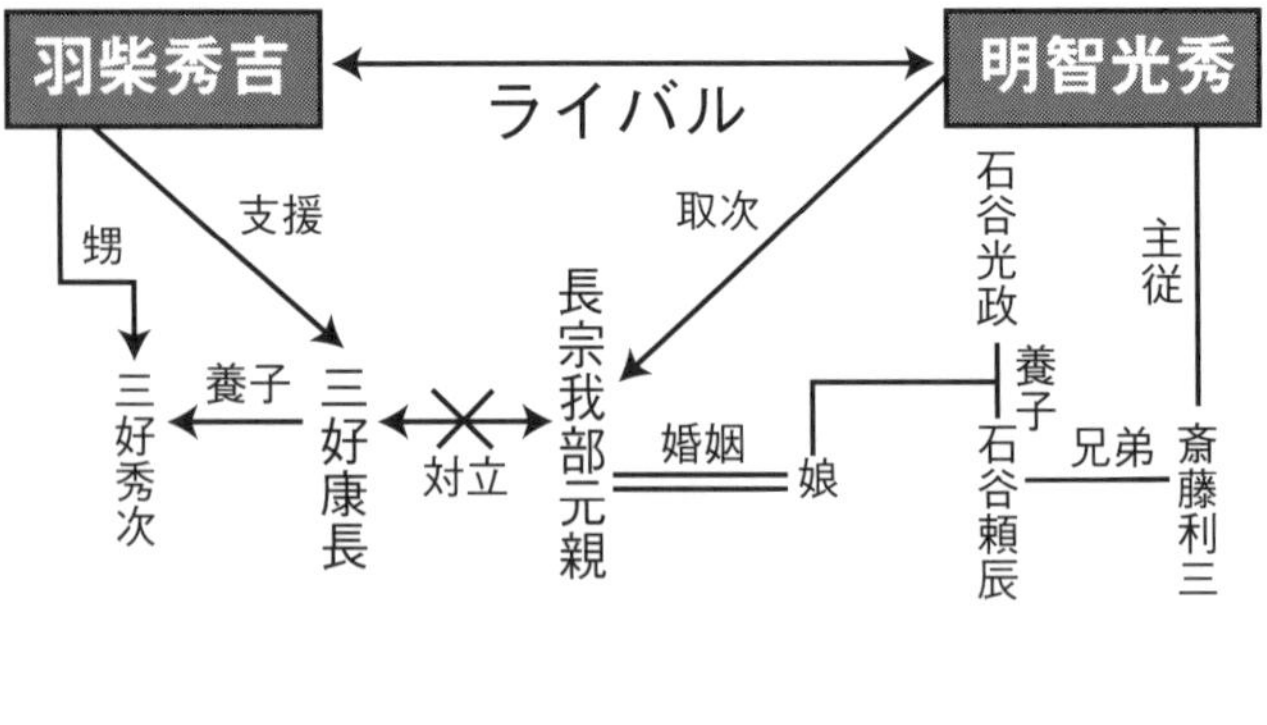

と思われることから、藤田氏は秀吉があらかじめこのような行軍が必要になることを想定していたと主張しています。そのとおりだと思います。秀吉が荷駄隊などを船で運んだという説に従うなら、水軍も用意しなければなりません。それにも時間がかかったはずです。

秀吉は少なくとも信長と光秀の険悪な空気を感じ取り、「京で何かが起きる」と読んで、周到な準備をしていたことが奇跡の大返しにつながり、それが彼を天下人に押しあげたといえるのではないでしょうか。

※雑賀衆＝現和歌山市の紀の川河口付近を「雑賀」といい、その地の地侍集団のこと。彼らは本願寺の門徒で本願寺の中心兵力となり、信長を苦しめた。

《主な参考文献》藤田達生著「中国大返し　毛利が動かなかった本当の理由」（『歴史街道』三六三号）、同著『本能寺の変』（講談社学術文庫）、同著『戦国日本の軍事革命』（中公新書）、播田安広著『日本史サイエンス』（ブルーバックス）、拙著『「道」で謎解き合戦秘史―信長・秀吉・家康の天下取り』（双葉社）

其の二

秀吉はどうやって織田家から天下を奪ったのか

徳川家康が秀吉の死後、その天下を奪い取ったという表現をよくされます。もちろん、正しい表現です。しかし、それをいうなら、秀吉も信長の天下を奪い取ったというべきでしょう。あまりそういう表現がされないのは、信長の天下と秀吉の天下とでは、同じ「天下」でもその意味合いがちがっているからです。

秀吉がどのように織田家から天下を奪ったのかについて述べる前に、まず信長の天下について考えてみたいと思います。

彼は岐阜に居城を築いたころから、有名な「天下布武」の印を使いはじめます。この「天下」は何を指しているのでしょうか。そもそも天下というのは、中国古代「周《しゅう》」王朝の天命思想にもとづいています。天帝《てんてい》（神）が徳にあふれた王（この場合は周王）に地上の支配権を委ね、地上の王の支配が及ぶ範囲を天下と呼びました。

日本では、天皇によって「天下静謐執行権限」（天下を静謐に保つために必要な権限のこと）を与えられた将軍（征夷大将軍）が天下人となります。しかし室町幕府将軍の支配領域はどんどん縮小され、戦乱の世の到来とあいまって一二代将軍足利義晴《よしはる》の時代には畿内を保つのがやっとという状況でした。しかし、その天下も事実上、三好長慶《ながよし》に奪われます。彼は将軍の直臣《じきしん》ですが、もともとは幕府の重鎮《じゅうちん》細川家の執事にすぎません。いわば将軍家は、陪臣《ばいしん》（家臣の家臣）に実権を奪われてしまったのです。その長慶の勢力圏は本国阿波のほか、讃岐・淡路・摂津・和泉・河内・丹波・大和・山城・播磨に及びました。彼はまた、信長に先駆けてキリスト教の布教を許します。南蛮人宣教師アルメイダは長慶を「都とその周辺の国々を領する国主」（『イエズス会士日本通信』）と評しています。南蛮人の目に長慶は「畿内地方の王」と映ったのです。

義晴の子の足利義昭を奉じ三好勢を追って都入りした信長は、いわば三好政権を引き継ぐ形で畿内に成立しました。もちろん、その支配地域には本拠の尾張や美濃、新たな征服地の伊勢・伊賀・越前なども含まれます。しかし南蛮人宣教師のルイス・フロイスが「五畿内の君主となるものを天下の主君」（『イエズス会士日本通信』）といっているように、信長の時代の天下人はあくまで「畿内の国主」を指していたのです。

一方、秀吉の天下が確定したのは蝦夷地から九州に至る全国を平定したときです。このように家康が豊臣家から奪った天下と秀吉が織田家から奪った天下では、領域面でその内容がまるでちがっているのです。信長の天下より、秀吉のそれがワンランク上のものだといえます。ただし織田の天下が畿内とその周辺に限られるとしても、信長の一武将にすぎなかった秀吉がその天下を奪った事実に変わりはありません。そして織田政権を継承した秀吉は、どうやってワンステップ上の天下を手に入れたのでしょうか。

前者については、やはり天正一〇年（一五八二）六月二日の本能寺の変後に秀吉がいち早く明智光秀を討ち、織田家の重臣の中で頭一つ分抜ける存在になったことが挙げられるでしょう。しかし、備中高松城から大返ししてきた秀吉軍は、当時、摂津にいた織田信孝（信長三男）の軍勢と摂津富田（大阪府高槻市）で合流し、その信孝が名目上、光秀追討軍の総大将との扱いになっています。光秀を討ったからといって秀吉の天下が定まったわけではありませんでした。そして、六月一三日に山崎の合戦（京都府大山崎町）で秀吉らが光秀を討った一四日後の二七日、信長のかつての居城、尾張清洲城（名古屋市清須市）に重臣四名（柴田勝家・丹羽《にわ》長秀《ながひで》・秀吉・池《いけ》田《だ》恒興《つねおき》）が集まり、織田家の新しい家督などを話し合いました。著名な清洲会議です。

このとき秀吉が信長の嫡孫三法師《ちゃくそんさんぼうし》（のちの織田秀信《ひでのぶ》）を擁立し、天下取りの布石としたという話がよく語られていますが、三法師を跡取りとすることは会議の前からほぼ決していました。そのことは、南蛮人宣教師の間で「三法師はまだ一歳の幼児なので成人するまで信孝が織田家の家督を継ぐこともありえる」という噂が流れていたことで裏付けられます。わずかに信孝が三法師成人までの繋ぎ役として家督継承の可能性が残されていたにすぎず、三法師の家督継承は既成事実だったのです。

ただし会議後、信孝が三法師の名代になる可能性は残されました。そこに待ったをかけたのが信雄（信長次男）です。名代の地位を彼と信孝が争ったのです。この争いに乗じ、うまく織田の天下を奪い取ったのが秀吉といえるでしょう。

その秀吉がいつ天下を意識しだしたのかは諸説あります。たとえば備中高松城包囲中に本能寺の悲報に接し、悲しみのあまりに泣き喚《わめ》く秀吉に、黒田孝高（通称官兵衛《かんべえ》）が「いまこそ、貴公（秀吉どの）が天下の権柄《けんぺい》をお取りになるべきときと存じます。なぜなら明智日向守は君を弑《しい》せし乱《らん》（乱）臣《しん》なれば、天罰のがれ難く、これを討つことはたやすいでしょう。明智を滅ぼした後、信長の御子息御両人（信雄・信孝の兄弟）を守立《もりたて》なさい。しかしながら御両人ともに天下を治め給ふべき器量でなかったなら、諸大名はあなどり、天下を望み、謀反乱逆を起す者多く出来《しゅったい》してくるでしょう。彼らを誅罰なされば、貴公の威勢は強くなり、おのずから天下の権をつかさどることができるでしょう」（『黒田家譜《かふ》』）と言った話は有名です。

これは江戸時代に編纂された福岡藩黒田家の家譜に登場する話で、ここでいう天下は本能寺の変直後の天下の概念とはずれています。しかし信孝・信雄両人を守り立て、それでも天下を治める器量がないことがわかったら、天下は秀吉のものになる――まさしく秀吉はこのくだりのシナリオにしたがい、織田の天下を奪い取るのです。官兵衛の助言は、結果を知る家譜編纂者による作り話なのか、それとも本当に秀吉がこの進言にしたがったかどうかはわかりません。ただし光秀を討った秀吉が、清洲会議が開催されるころ強く「天下」というものを意識しだしたのではないでしょうか。

ここで清洲会議当時に話をもどすと、会議後、荒廃した安土城（滋賀県近江八幡市）を整備したのち、後継者の三法師をそこへ移す予定となり、前述したとおり、その名代の地位を信孝と信雄が争うのです（『金井文書』）。ところが信孝は三法師をみずからの居城岐阜城におしとどめ、後見役の地位を既成事実化してしまいました。

名代を弟と争う信雄にとってはゆゆしき問題です。秀吉はここでその信雄を守り立てる姿勢を示したのです。秀吉のライバル柴田勝家が信孝を後援していたからです。そこで天正一〇年（一五八二）一〇月二八日、京の本圀寺《ほんこくじ》（京都市下京《しもぎょう》区六条堀川＝現在は山科に移転）に秀吉陣営の丹羽長秀・池田恒興が集まり、秀吉を含めて「両三人（中略）相談」のうえ、三法師に代わって信雄の擁立計画をめぐらすのです（『蓮成院記録《れんじょういんきろく》』）。厳密にいいますと、三法師が成人するまで暫定的に信雄をその「御代」（いわゆる名代）にすることになったのです。

とはいっても秀吉らが一方的に信雄を事実上の信長の後継者に担ぎ出したにすぎず、三法師が信孝・勝家陣営の手の内にある間は、どうしようもありません。そこで秀吉陣営は、越前北《きた》ノ庄《のしょう》城（福井県福井市）を居城とする勝家が豪雪に阻まれて出陣できない隙を見計らい、一二月に岐阜城を包囲し、信孝を降伏させたのです。臣下の秀吉が主君筋の信孝を降伏させたのではありません。織田家名代の信雄の名によって実行されたのです。

こうして翌天正一一年の正月、信雄は三法師のいる安土城（三法師＝関ヶ原の合戦の前哨戦で討ち死に＝が岐阜城へ移ったのちに廃城）へ入り、翌閏一月、諸将より事実上の信長の後継者に認められるのです。よって、この新体制に叛乱を企てたのが信孝と勝家という形になります。黒田官兵衛の言葉にしたがうなら、信孝と勝家が「天下を望み、謀反乱逆を起す者」ということになります。

その結果が賤ケ岳《しずがたけ》の合戦（滋賀県長浜市）です。合戦はこの年の四月におこなわれ、ふたたび岐阜で挙兵した信孝と柴田勝家がそれぞれの居城で滅ぼされ、秀吉陣営が勝利しました。その後、六月五日付で秀吉が子飼いの加藤嘉明《かとうよしあきら》へ送った書状がこの合戦の性格をよく表していま す。そこには「三七殿（信孝）謀叛により濃州大柿（大垣）まで出陣したところ、柴田修理亮《しゅりのすけ》（勝家）が柳瀬《やながせ》（賤ヶ岳付近）まで罷り越してきたため一戦に及んだ」とあります。秀吉は信雄を担ぎ上げたことによって、信孝と勝家の挙兵を「謀叛」と断じたわけです。こうして秀吉は主君筋にあたる信孝を葬った合戦の大義名分をえたわけです。したがって、このときにはまだ秀吉は信雄を「殿様」と呼び、形式的には織田政権下の一武将として振る舞っていましたが、その一方でこの合戦で軍功のあった者に領地をあてがっています。領地を与えるのは主君の役割ですから、山崎につづいて二戦連勝した秀吉が実質的に織田政権を率いる立場となったのです。

当然、信雄は気に入りません。そこで徳川家康を誘い、秀吉に対抗しようとします。天正一二年（一五八四）三月六日、信雄は親秀吉派の重臣三人（津川義冬《つがわよしふゆ》・岡田重孝《おかだしげたか》・浅井長時《あざいながとき》）を処罰し、断交の意を示しました。結果、秀吉は信雄の領国（伊勢・尾張）へ進軍するために三月一〇日、まだ普請途中の大坂城を発ち、ここに小牧長久手の合戦（主に愛知県西部が戦場）の火蓋が切って落とされます。

その詳細な内容は家康の章に譲りますが、一一月、秀吉軍が信雄の居城伊勢長島城（三重県桑名市）近くまで迫ってきたこともあって彼は秀吉に降伏しました。形式上は和睦になっていますが、自分や叔父（茶人で有名な織田有楽斎《うらくさい》）の実子らを人質に出しているのですから、事実上の降伏です。研究者の柴裕之氏は「この合戦のその後への意義とは、最終的に秀吉が主君である信雄に勝利したことにこそ求められる。つまり、この勝利によって、秀吉は信雄との主従関係を実力で逆転させ、織田家に変わる天下人としての立場を確固たるものとしていったのである」（渡邊大門編『秀吉襲来』所収）としています。卓見《たっけん》というべきでしょう。

ただし厳密にいうと、まだ秀吉は織田の天下を継承したにすぎず、これから全国平定へと乗り出します。彼が文字どおりの天下人となるの

賤ヶ岳山頂より琵琶湖北岸の余呉湖をのぞむ

は、天正一八年（一五九〇）七月に関東の北条氏直《うじなお》を降し、つづく奥州仕置《しおき》で全国の支配権をえるまで待たねばなりません。

その間、秀吉は関白という地位によって全国の武士を従えることにしたのです。なぜ秀吉は征夷大将軍にならなかったのでしょうか。まず当時は室町幕府一五代将軍の足利義昭がいまだその職にあり、将軍の地位を手放そうとしていなかったことも関係しているでしょう。しかし将軍の権威は信長によって京から追放された時点で半ば失われ、秀吉は将軍を新たな天下人の権威となすには相応しくないと考えたのでしょう。

ちなみに江戸時代の儒学者林羅山《はやしらざん》が書いた『豊臣秀吉譜』によると、秀吉は将軍になろうとしたものの、将軍義昭に養子縁組を断られ、右大臣菊亭晴季《きくていはるすえ》に相談した結果、「関白は人臣の高爵《こうしゃく》」で将軍職より「士民之衆」の尊崇を集める官職だと諭《さと》され、関白に飛びついたことになっています。この話は、羅山が徳川将軍家の権威をあげるため、「あの太閤秀吉も望んでなれなかった官職だ」と、世間に吹聴するために事実を捏造した疑いがあります。晴季が秀吉の関白就任のために暗躍したのは事実です。しかし『多聞院日記』によると一時、秀吉に「将軍ノ官」を授けようという勅定が下ったものの、秀吉は断っています。

信長の場合、本能寺の変の三〇日ほど前に「太政大臣か関白か将軍か、御推任（推薦）いただきたい」（『天正十年夏記』）という意向が織田家側から朝廷側に伝えられていました。結局、信長はそのあとすぐ本能寺で亡くなるので、彼がこの「三職《さんしき》」（太政大臣・関白・将軍）のうち、どれに推薦してもらいたいと希望をもっていたのかはわかりません。ただ筆者は、関白だったのではないかと考えています。秀吉は、かつての主君（信長）の志を継ぐ形で関白職を望んでいたのではないでしょうか。

その秀吉にとって幸運だったのは、天正一三年（一五八五）に左大臣の近衛信尹《このえのぶただ》が二条昭実《にじょうあきざね》に関白職を譲るよう求める訴訟が勃発したことです。結果、この訴訟の結論がでず、秀吉が仲裁する形となりました。秀吉にとって、これ以上の好機はありません。彼が打開策として提示したのは、いったん第三者である秀吉が信尹の父近衛前久《さきひさ》の猶子《ゆうし》となって関白に任官したのち、信尹に譲り渡すというものです。これならたしかに昭実の顔も立ちます（ただし、信尹に関白の座が回ってくるのは秀吉の死後七年後）。

その年の七月まで信長と同じく「平《たいら》」の姓を名乗っていた秀吉はこうして前久の猶子となるや「藤原」姓を称し、従一位・関白に任官しました。秀吉が「藤原」になったのは、関白が近衛・鷹司《たかつかさ》・一条・二条・九条（いわゆる五摂家《ごせっけ》）という藤原一族の回り持ちだったからです。そして彼は新たに「豊臣」姓を創出し、五摂家とともに関白になる家柄となりました。

ところで将軍が天皇から「天下」を「静謐」にする権限を与えられているのに対し、一方の関白は「万機に関《あずか》り白《もう》す」職です。いわば天皇の代理といえる関白は、将軍職よりワイドな権限を持つと、信長や秀吉は考えたのではないでしょうか。秀吉が天正一九年（一五九一）に甥の秀次へ関白職を譲ったあとの文禄《ぶんろく》三年（一五九四）四月、右大臣の晴季に送った手紙にはこうあります。

「摂関家は天下の儀を斬り従えるべきなのに天下の儀はいうに及ばず、一在所でさえも斬り従えられないから、この秀吉が（天皇より）剣を賜り、国を斬り従えているのであって、摂関家より少しはましだと思い、関白をお請《う》けしたのです」

ここで秀吉は、豊臣家の関白には、将軍の役割といえる「天下静謐執行権限」も含まれているという解釈を示したことになります。秀吉が創設した関白をそれまでの関白と区別するため、「武家関白」と呼ぶこともあります。こののち秀吉は全国平定の過程でこの「天皇の代理」という権限を最大限生かします。その象徴的な例が小田原の北条征討でした。

『天正記』は秀吉の政権を正当化するために祐筆《ゆうひつ》（書記）の大村由己《おおむらゆうこ》に書かせたもので史料的価値はほとんどないといわれています。それでも小田原城の北条氏直を攻めるに際し、氏直が「勅命を恐れず」とあって、天皇に従わない逆臣だという解釈を示しているのは重要です。このことからも秀吉が「天皇の代理」という権威をフルに使い、全国平定、言い換えればこの六〇余州の天下の主となったことがわかります。

最後に以上の話をまとめておきましょう。一言で秀吉の天下といっても段階があります。まず天正一二年（一五八四）の小牧長久手の合戦で織田家の天下を奪い、その天下をワンランク上のものとするための権威として天正一三年（一五八五）に関白に任官し、そして天正一八年（一五九〇）に全国平定を成し遂げて、正真正銘の天下をわが手にするのです。

《主な参考文献》柴裕之著「秀吉の天下人への台頭と織田家の臣従」（渡邊大門編『秀吉襲来』東京堂出版）所収、小林隆著「「天正記」から読み解く豊臣秀吉の政治思想―天下人とは何か―」（『織豊期研究』二二号）所収、拙著『信長、秀吉、家康「捏造された歴史」』（双葉新書）

コラム

秀次切腹事件の真相

文禄四年（一五九五）七月八日、叔父の太閤豊臣秀吉によって京から追放され、七日後の一五日には早くも切腹を命じられた関白豊臣秀次——通説がそう論じる事件は、政権トップの関白が切腹させられた事件として「豊臣政権」の屋台骨を揺るがすものとなりました。しかも、事件は一人、秀次の切腹だけにとどまりませんでした。

累は秀次の妻や子はむろんのこと、愛妾や側近、さらに側近の妻や子にも及んだといわれます。とくに京の三条河原に秀次の首を据え、その前で「御寵愛の衆（秀次の妻妾《さいしょう》）三十九人御成敗」（『太閤さま軍記のうち』）される光景は凄惨を極めました。つまり秀吉は甥の秀次の一統を根こそぎ、この世から葬り去ったのです。

この事件の顛末をもっとも早く伝えたのがその『太閤さま軍記のうち』です。まず同書は、秀次の乱行を事件の背景に挙げています。

たとえば田畑で見かけた農民を鉄砲で撃ち殺し、あるときは弓矢の稽古と称して射殺し、またあるときには家臣らに千人斬りを命じ、若輩の者らがその辻斬りにいそしんだといいます。しかも正親町上皇の崩御によって本来なら控えるべきところ、秀次は鹿狩《しし》りに興じ、京の町人らに「殺生関白」と皮肉られたというのです。この乱行に加えて、「ご謀叛の企てが聞こえてきた」ことが直接の容疑となりました。そして秀次をそそのかして謀叛に走らせたのが、木村常陸介重茲《しげこれ》（山城国淀城主）という側近だったことになっています。

しかし信頼できる公卿《くぎょう》の日記などから、秀次の乱行は確認できません。たとえば正親町上皇の服喪中に秀次が鹿狩りに興じていたとされる文禄二年六月八日の当日、公卿の日記『言経卿記』の記述によって、その日秀次は聚楽第《じゅらくだい》（関白の政庁）にいたことがわかっています。

まだ人権が確立していない時代とはいえ、治世者には一定の道徳心が求められていたはずですから、トップに立つ関白が前述したような乱行をおこなっていたとはどうしても思えません。むしろ彼は、近江八幡城主時代に現在も残る八幡堀を築き、民政面が再評価されています。

謀叛の疑いにしても信頼できる史料には、その具体的な内容が一切記されていません。わずかに『言経卿記』に「関白殿（秀次）と太閤（秀吉）と去る三日より御不和なり。この間種々雑説《ぞうせつ》これあり」（七月八日付）とあって関白と太閤が不和となり、その理由として種々の雑説（噂）が囁かれていたと書いているにすぎません。御所に勤める女房衆が交代で書いた『御湯《おゆ》殿《どの》の上《うえ》の日記』には「むほん（謀叛）とやらんのさた（沙汰）お入り候て、大かう（太閤）きけん（機嫌）わろく」（七月八日付）とあって、かろうじて謀叛の噂があったことだけが記されています。

こうなると、『太閤さま軍記のうち』の内容が怪しくなってきます。ところが、この史料をベースに通説が作られてしまいました。その原因のひとつに、同書の作者が『信長公記』を書いた太田牛一だったことが挙げられます。『信長公記』の史料的価値は高く、その作者が唱える「秀次乱行説」と「秀次謀叛説」は、権威を持つことになります。しかし、このとき秀吉に仕えていた牛一が秀吉の世継となる秀頼に帝王学を教えるためのテキストとして『太閤さま軍記のうち』を書いたともいわれ、史実をねじ曲げた可能性があります。

一方、余計な贅肉《ぜいにく》を削ぎ落とし、この事件の根本部分を時系列的に列挙していくと、①秀次の高野山追放令（七月八日）②秀吉の切腹令（七月一三日）と秀次の切腹（七月一五日）③秀次の一族を処刑（八月二日）――という三段階に分類できます。国学院大学教授の矢部健太郎氏はこの①～③をそれぞれ個別の事件としてとらえ、各局面においてそれぞれ別個の理由を見出すことによって新説を提唱されるに至りました（『関白秀次の切腹』）。

矢部氏によると、通説は「秀吉への謀反の嫌疑を詰問された秀次が高野山へ追放を命じられた」とするものの、それは誤りであって、糾問使が秀次のもとに遣わされた理由は、「天脈拝《てんみゃくはい》診怠業《しんたいぎょう》事件」にあるとしています。これはこの年、文禄四年六月二〇日、秀次が後陽成《ごようぜい》天皇の侍医曲直瀬道三《まなせどうさん》（玄朔《げんさく》）に対し、天皇より自身の診察を優先させたとされる事件です。秀吉は、この行為が天皇への非礼にあたるとして激怒したのだといいます。さらに矢部氏は『言経卿記』などの信頼できる史料を読み直し、秀次の高野山入りは「追放」でなく、彼の自発的な行動、すなわち「出奔」であったとしています。

　つづいて②についても矢部氏の説にもとづいて検証してみましょう。さきほど紹介した『御湯殿の上の日記』（七月一六日付）に「関白殿（秀次）、昨日十五日の四つ時に御腹切らせられ候よし申す。むしち（無実）ゆえかくの事候のよし申すなり」という一文があります。一般的には「昨日一五日の午前一〇時ごろ、（秀吉が）関白殿を切腹させたとうかがいました。（謀叛の噂は）無実だったのでそのようになったそうです」という意味に解されています。謀叛については無実が証明されたため、そのほかの罪もあって本来なら処刑されてしかるべきところ、罪一等が減じられ、名誉ある死（切腹）になったという解釈です。

　しかし矢部氏は、これまで「秀吉が切らせた（切腹させた）」と解されてきた「御腹切らせられ」という部分について、敬語の「お切りになった」と読むべきだと指摘しています。つまり秀吉には切腹させるつもりはなかったのに、秀次が抗議の意味を含めてみずから切腹してその意地を示したという文脈となります。切腹も秀次自身の自発的な行動の結果だというわけです。

そもそも、関白を退いた秀吉が現職（関白）の政権トップにあたる秀次に切腹を命じることができるのでしょうか。秀吉は当時、太政大臣《だじょうだいじん》についていました。朝廷内の席次は太政大臣の秀吉が左大臣関白の秀次より上位にあり、太政大臣の秀吉が左大臣の秀次を切腹させることは法的に可能ではあります。しかし、政権トップの地位にある秀次を切腹させる行為そのものが、公儀としての豊臣家の権威そのものを傷つけることに繋がります。

しかも秀次が切腹した高野山の青巌寺《せいがんじ》は、秀吉が生母の菩提寺として建立した寺院です。秀吉がそのような神聖な場所を血で汚すはずがありません。以前からそれが謎のひとつとされてきました。また秀次の切腹を意図していなかった裏付けとなる史料が、同じ年の七月一二日付で秀吉が高野山の木食上人《もくじきしょうにん》（※）に宛てた「秀次高野住山《じゅうざん》の儀について仰せ出され候条々」です。この条々（定書《さだめがき》）は「秀次高野住山令」と呼ばれるとおり、高野山（青巌寺）にいる秀次に仕える侍の人数から調理人や下人の数まで細かく定めたものです。しかも、この条々では、秀次に近侍する者が刀や脇差を持つことを禁じています。したがって七月一二日の時点で秀吉に秀次を切腹させる意思がなく、むしろ近侍する者に武器の携行を禁じているくだりから、秀吉は秀次の自決を防ごうとしている配慮がうかがえます。

　そして、この翌一三日にまるで趣のちがう切腹令が秀吉から下されたことについて、矢部氏は次のように論を展開します。まず関白の切腹という重大な命令を伝える文書であるにもかかわらず、秀吉でなく石田三成ら奉行衆の連名で発せられていること。一方の住山令にはいくつかの写しが残され、秀吉や秀次存命時の文書であることが確認できるのに対し、切腹令はそのような写しは確認されず、秀次死後の史料に記されているのみだとしています。そして、そこから③の理由も導きだされます。

　矢部氏が指摘するとおり、秀次の切腹は、秀吉ならびに豊臣政権にとって想定外の事件でした。関白みずからが腹を切ったという事象そのものが、豊臣政権の権威を傷つける恐れがあります。権威であるはずの関白がその職を投げだして出奔し、かつ自害に及ぶというのは前代未聞のことだからです。そこで秀吉・三成らは事件への対応に苦慮し、豊臣政権は秀次の「出奔」を「追放」に、「無実の自害」を「切腹命令」に改ざんし、秀次を「天下の大罪人」とするためにその一族を殺戮したというのです。

　つけ加えるなら、秀次が切腹した「柳の間」のある青巌寺は秀吉の母の菩提寺ですから、その神聖な場所を血で汚した怒りもあって一族の大量処刑という惨事に繋がったのではないでしょうか。

以下、事件について筆者の解釈を整理してみます。

まず『言経卿記』に「関白殿（秀次）と太閤（秀吉）と去る三日より御不和なり。この間種々雑説これあり」とある点がポイントとなります。秀次と秀吉がそもそも「不和」となる状況が事件の背景にあったのです。その「不和」の原因は何だったのでしょうか。それはやはり、秀吉と淀殿の間に拾君《ひろいぎみ》（のちの秀頼）が事件の二年前、文禄二年（一五九三）八月三日に誕生したことをおいて考えられません（ただし秀頼が秀吉の実子でなかったという説も根強い）。秀吉は秀頼が生まれてすぐの文禄二年一〇月、「御拾様（秀頼の幼名）と（秀次の）姫君様御ひとつになさせられ候」（『駒井日記《こまいにっき》』）と、生まれてきたばかりの子に将来秀次の娘を娶《めあわ》せようとする一方、その翌月に秀吉は、秀次の直轄領（当時）尾張へ鷹狩りに出かけ、「尾張国内の田畑は衰微し、荒れ果ててしまっている」などという文書を発し、その治世に難癖をつけています。前述したとおり、秀次の民政面での業績が再評価されるいま、難癖としか考えられないのです。

秀頼の誕生によって秀吉が甥をみる目が厳しくなったのはたしかでしょう。そうやって月日が流れ、この叔父と甥の関係はどこかギクシャクし、秀次は叔父との人間関係に疲れていったのではないでしょうか。両者の関係がこじれ、そうなると無責任な噂（秀次の謀叛）も流れやすくなります。そんなときに例の「天脈拝診怠業事件」が発生し、秀吉からの糾問使が訪れ、いろんなことに嫌気がさし、秀次は高野山へ遁《のが》れたのかもしれません。その意味では、秀次の無責任さに原因があったといえるでしょう。

さらに、糾問の主な理由は後陽成天皇への非礼に対するものだったとしても、その際に世間で噂される謀叛の話がでた可能性はあります。山科言経が「去る（七月）三日より御不和」と雑説のあることを日記に書き留めているのですから、そのことを問い質《ただ》さなかったほうが不自然です。秀次にしたら、そういう噂があることそのものが許せなかったのでしょう。

しかも秀次が高野山に入ったら入ったで、すぐさま秀吉からの住山令がだされ、そこでの生活ががんじがらめにされてしまいました。厭世《えんせい》的な観念にとらわれた秀次が謀叛という疑いをきっぱり否定し、かつ、そこに抗議の意味をこめて死を選んだ――そのあたりの秀次の心理は歴史検証から大きく逸脱し、フィクションのジャンルの話になってしまいます。しかし、「〝殺生関白〟が乱行の果てに謀叛を企て、秀吉に切腹を命じられ、一族ことごとくがこの世から抹殺された」というストーリーもまた、秀吉らによって作られたものだったといえます。

ただし矢部氏の指摘どおり、秀吉らが豊臣家の権威を考え、切腹されるよりさせるほうがいいと判断したとしても、秀吉みずからがよって立つ「関白」という職を否定することに繋がり、ひいては政権そのものを否定することになるわけです。この事件が豊臣政権の屋台骨を揺るがすことになったのは間違いありません。結果、秀吉らはこの事件以降、諸大名の血判起請文を相次いで作成させ、揺らいだ政権の立て直しを図ることになっていくのです。

※木食上人＝出家後、米や野菜を食べず、木の実や山菜のみを食して修行する僧の通称。つまり、木食上人とは一般名だが、個人として有名なのが応其《おうご》上人。戦国時代の真言宗の僧で、俗姓は藤原氏。三七歳で高野山に入り、秀吉が高野山を討とうとした際に交渉にあたり、かえって秀吉の帰依を受けて厚遇された。青巌寺の創建者でもある。

《主な参考文献》矢部健太郎著『関白秀次の切腹』（ＫＡＤＯＫＡＷＡ）

其の二

銀を売るのが朝鮮出兵の本当の狙いだった

豊臣秀吉が二回にわたって朝鮮出兵した文禄・慶長の役（一五九二・一五九七年）の理由について、

①鶴松死亡説（第二夫人の淀殿との間に念願の男児を授かったものの、天正一九年（一五九一）八月に夭折《ようせつ》し、そのショックから立ち直るために外征に踏み切ったという説）

②信長時代に計画された朝鮮出兵を引き継いだという説（宣教師フロイスが本国へ送信した報告書に信長が天下統一後にシナ〈中国〉征服の大艦隊建造を計画していたとあり、その野望を秀吉が継承したという説）

③領土拡張説（天下統一に武功のあった者たちに与える所領がなくなり、海外に領土を求めたという説）

などという説が語られてきました。

ここでは、これまでとまったくちがう視点で朝鮮出兵の目的を読み解いていこうと思います。関白になった直後の天正一三年（一五八五）九月、秀吉は「日本国のことは申すに及ばず、唐国（中国）まで仰せ付ける」という意思を配下の武将に表明しています。つまり鶴松が生まれる前から出兵を計画していたわけで、まず①は消去できます。③もどうでしょうか。天正一三年はまだまだ天下統一の過程ですから、③の与える所領がなくなった状況ではなかったといえるでしょう。一方、②でいう信長の路線継承説は十分にありえると思います。しかし信長がなぜシナ征服を図ろうとしたのかについて何も手がかりを残しておらず、秀吉の構想から類推するしかありません。

秀吉の構想はじつに気宇壮大なものでした。それは、秀吉が釜山《プサン》に大軍を派遣する前年の天正一九年（一五九一）一二月、関白職をゆずった甥の豊臣秀次宛ての覚状に綴られています。朝鮮出兵の本営・肥前名護屋《なごや》城（佐賀県唐津市）にいた秀吉が秀次へ自身の構想を伝えたもので二四ヶ条からなっています。

秀吉はまず彼に「大唐（明）の関白職に御渡りならるるべく候事」といっています。秀次を明《みん》（当時の中国王朝）の関白になれといっているのです。つづいて「大唐都（明の都北京《ペキン》）へ、叡慮《えいりょ》（後陽成《ごようぜい》天皇）をうつしべく申し候」として、占領した明の首都北京へ天皇を遷《うつ》し、さらに周辺の「十ヶ国」を朝廷領として献上するとあります。つまり後陽成天皇を中国皇帝の座にすえようとする気宇壮大な構想です。しかも「明後年に行幸《ぎょうこう》なすべく候」とあり、たった二年で明を平定する計画だったこともわかります。さらに中国皇帝となった天皇を支える秀次に、知行地として「百ヶ国」を与えると明記しているのです。

そして後陽成天皇の御座所を北京へ遷すことによって空位になった日本の帝位（天皇）候補として、後陽成天皇の第一皇子良仁《かたひと》親王らの名を挙げ、日本の関白候補には「大和中納言」（豊臣秀保《ひでやす》）と「備前宰相《さいしょう》」（宇喜多秀家《うきたひでいえ》）の両名、高麗《こうらい》（朝鮮）王には「岐阜宰相」（豊臣秀勝《ひでかつ》）と「備前宰相」のいずれかをつかせると書いていています。大和郡山城主の秀保は、秀吉の甥で秀次の弟。岡山城主の秀家は、秀吉の血縁者ではないものの幼少のころより可愛がり、猶子（事実上の養子）に迎えていた武将です。岐阜城主の秀勝は、秀次の弟で秀保の兄。浅井長政の三女江《ごう》を正室に迎えたものの、この朝鮮出兵の際、戦地で死亡します。

どこにも秀吉自身の名がありませんが、秀吉の祐筆山中長俊《やまなかながとし》がその意向を代弁する形で次のような手紙を残しています。

「（上様は）日本の船着、寧波府《ニンポー》（浙江省《せっこう》寧波市）に居所を御きわめなさる」

寧波は当時、国際貿易港のひとつであり、呂宋《ルソン》（フィリピン）などとの交易も盛んでした。つづけて「こんど、御先仕り候衆は、天竺《てんじく》（インド）近き国とも下され候（中略）天竺きりとり申候ようにとの御意に候」、すなわち次に海外派兵される軍勢の渡航先は天竺周辺になるだろう、上様（秀吉）の狙いは「天竺切取」にあるというのです。つまり秀吉は寧波を拠点に、インドも征服しようとしていたのです。秀吉が日本を国際海洋国家に脱皮させようとしていたのはたしかだと考えています。信長も同じ考えだったかどうかはそれこそ類推するしかありませんが、おそらく同じだったでしょう。その際のキーワードが「銀」です。

戦国時代に石見《いわみ》銀山（島根県大田《おおだ》市大森町）が発見され、銀の発掘量が飛躍的に伸びました。一方、明では主な通貨が「銭」から「銀」へ切り替わり、中国で「銀」の重要が急速に伸びていました。しかし明は海禁政策（鎖国）を採用していたので、朝貢《ちょうこう》（貢物《みつぎもの》を捧げ、その見返りに貴重な文物を下賜されるスタイルの貿易）でもしなければ貿易はできません。「大明の長袖《ちょうしゅう》（貴族）国《こく》」と侮る秀吉にしたら、そんな国に朝貢できるわけがありません。だから明を征服し、日本で余った銀を輸出し、中国の陶磁器・生糸・絹織物を買い付けようとしました。そして中国製品を売りさばくため、寧波を拠点にアジア諸国と交易しようとしたのでしょう。大航海時代を経てアジアに進出してきたイギリスやオランダ型の国家建設を目論んでいたのです。

しかし日本の豊富な「銀」に狙いを定めた国がほかにもありました。それがスペインです。秀吉の朝鮮出兵がスペインの「日本征服政策」に対する自衛戦争だったという説は「俗説」だとされてきましたが、東北大学名誉教授の平川新《あらた》氏が著書『戦国日本と大航海時代』において、スペインのアジア支配に対抗するための出兵だったとする学説を提唱して以来、見直されてきています。

まずヨーロッパ諸国の中で初めて日本でのキリスト教布教と貿易に乗り出したのは、大航海時代の先駆者ポルトガルでした。ところがポルトガル国王エンリケ一世が死去すると、スペイン国王のフェリペ二世は三万の軍勢を率いてポルトガルの首都リスボンに入り、そのままポルトガルはスペインに併合されます（一五八〇年）。こうしてアジアへの進出でポルトガルに遅れをとっていたスペインが一気に巻き返し、東はフィリピンから西は西インド諸島までを支配し、フェリペ二世の治世は「陽の沈まぬ帝国」といわれました。

ポルトガルの支援を受けていたイエズス会（※）もスペインに乗り換えざるをえませんでした。イエズス会の巡察師ヴァリニャーノはそのスペインの使者として安土城（滋賀県近江八幡市）で信長に会い、本国から明まで大軍を送ることができないスペインに代わり、明国征服のための軍勢を出すよう要求したものの、信長はこれを突っぱねたといいます（安部龍太郎著『信長はなぜ葬られたのか』)。ヴァリニャーノが信長に明への出兵を促したとする確固たる史料はありませんが、ヴァリニャーノがフィリピンのスペイン総督に宛てた書簡から、安土での会談の内容がうかがい知れるというのです。このとき信長も独自にシナの征服を目論んでいたので、日本をスペインの先兵とするかのような高飛車なスペインの態度に反発したのでしょう。

その後、秀吉が関白になる少し前、イエズス会の日本準管区長コエリョは、日本へのスペイン艦隊派遣を求め、その結果、日本人すべてがキリスト教に改宗したら、「フェリペ国王は日本人のように好戦的で怜悧な兵隊をえて、一層容易にシナ(中国)を征服することができるだろう」と述べています。秀吉が配下の武将に「唐国」への侵攻を匂わせているのもそのころですから、当時からスペインの脅威を感じ、「銀」の輸出先として彼らより先に中国を支配しておく必要を感じたとみるべきではないでしょうか。

また、二年後の天正一五年(一五八七)六月にはフィリピンのスペイン総督が、日本のキリシタン大名たちはスペイン国王に奉仕し、「(軍勢を)シナにも差し向ける用意がある」と述べています。まるでキリシタン大名の主君はフェリペ二世であるかのような口ぶりです。同じ月に秀吉は突如、バテレン追放令をだし、キリスト教の布教を禁じます。この禁令の理由には諸説あるものの、キリシタン大名らの動きを警戒したのかもしれません。

結局、秀吉のバテレン追放令は南蛮貿易の利益を優先して不徹底なままに終わりますが、日本在住の外国人宣教師に与えた衝撃は大きく、フロイス（前出）は、イエズス会の総長に宛て、フェリペ国王が二〇〇から三〇〇の兵士を日本へ送ることの必要性を説いています。

日本をシナ征服のための先兵とみていたスペインも、こうして次第に日本そのものへの征服論が盛んになっていきました。スペインが日本に狙いを定めた理由のひとつが前述した、豊富な「銀」でした。

秀吉の壮大な計画は朝鮮一国さえ征服しないまま失敗に終わります。秀吉が失意のうちに死去する少し前、慶長四年（一五九九）二月になっても、スペインやイエズス会ではなおも日本征服計画を捨てていなかった節があります。

ペドロ・デ・ラ・クルスというイエズス会士は同会の総長に宛て、「国王陛下が決意されるなら、わが軍は大挙してこの国を襲うことができよう」として、具体的な計画を挙げています。彼は当時の日本軍の欠点として海軍力の弱さを挙げ、①九州・四国はすぐ包囲できる②日本国内で内乱が起こるのはそう遠い将来のことではない③日本は金銭的に非常に貧しく、ごく些少な援助でも領主たちはキリシタンに改宗する④殿様たちの家臣は隷属性が強く、常に身の破滅に及ぶ危険に晒されているから、彼らは喜んで陛下に服するだろう——などなどです。

もちろん、このようなスペインの日本征服計画は実現しませんでした。

それではなぜ日本軍は、明国の征服どころか、大陸の出入口である朝鮮半島で敗れてしまったのでしょうか。

播田安弘氏によると当時、日本は「世界最大の鉄砲保有国」だったといい、そのことは後述する蔚山倭城《ウルサンわ》攻防戦でも証明されています。筆者も当時の日本は世界でも屈指の陸軍国だったと考えています。

秀吉はまず、対馬の宗《そう》氏を通じて朝鮮に従属と「先駆入明《せんくにゅうみん》」、つまり、日本の先兵となって明へ攻め入ることを求めました。しかし日本の植民地でもない朝鮮がそれを受け入れるわけがありません。文禄元年（一五九二）四月、およそ一五万人という日本史上空前の大軍が朝鮮南岸の釜山に上陸。日本軍は上陸後わずか二〇日ほどで首都漢城《ハンソン》（ソウル）を落とし、六月には平壌《ピョンヤン》を陥落させて、朝鮮国王が逃亡した北部地域を除き、ほぼ朝鮮半島を征圧します。しかし、そこで日本軍の快進撃はとまってしまいます。

その理由は、明が参戦してきたことのほか、一気に兵站線《へいたんせん》（補給路）が延び、脱走兵が相次いだことにありました。軍監役として朝鮮に渡っていた石田三成《いしだみつなり》が秀吉に兵の不足を訴えていますが、延びた兵站線を朝鮮の義勇兵（ゲリラ）に狙われ、荷駄隊を死守するための兵が不足する事態に陥っていたからです。とくに平壌のある当時の朝鮮北部は土地が痩せ、現地で食糧を調達するのは困難でした。翌文禄二年七月には、日本水軍が朝鮮の将軍李舜臣《イスンシン》率いる水軍に大敗し、日本からの補給路を断たれたことも大きかったでしょう。こうして和平の道が模索されることになります。

和平交渉を進めたのは、商人出身の小西行長《こにしゆきなが》でした。彼の尽力が功を奏し、明の使節が文禄五年（一五九六）八月、大坂にやってきました。しかし行長は家臣の内藤如安《ないとうじょあん》を北京へ派遣し、事実上の降伏文書といえる偽の国書を明側に手渡していたのです。要約すれば、明の皇帝に対して、秀吉を「日本国王」へ封じていただきたい、さすれば皇帝陛下の臣として朝貢に励むだ

蔚山倭城跡

ろうという内容でした。九月二日、明の使節を招いた宴が催され、偽の国書が明へ渡っているとは夢にも思わない秀吉は上機嫌だったといいます。ところが、その後、明からの漢文の国書を秀吉が臨済僧の西笑承兌《さいしょうじょうたい》に読ませると、秀吉の表情がにわかに曇り、激怒します。当然のことです。国書に「なんじを封じて日本国王となす」と書かれていたからです。つまり明の皇帝が秀吉を臣下と認めるといっているようなもの。行長は事前に承兌に会い、そのくだりを別の表現にするよう頼んでいましたが、承兌はそれを無視したともいわれます。

以上、よく知られた話です。しかし九州大学教授の中野等《ひとし》氏は、この席で秀吉が激怒したという話は後世の作り話であって謁見そのものは無事終了したといい、その証拠に明の皇帝が秀吉に送った冊封文《さくほうぶん》（中国皇帝が近隣の王らに朝貢などを認める文書）と下賜品が現存していることを挙げています（『文禄・慶長の役』）。たしかに秀吉が激怒したなら、そういうものは破り捨てたり、破却してしまっていたでしょう。

秀吉も文禄の役の苦戦によって方針転換し、「銀」の輸出を最優先に明との朝貢貿易に甘んじようとしたようです。ところがフロイスによると、秀吉が本気で激怒したのは、明の使節が堺へもどり、そこで彼らがしたためた書状を持って、使節接待役の僧たちが秀吉にそれをみせたときだったといいます。

「太閤（秀吉）はそれを読み（中略）非常な憤怒と激情に燃え上がり（中略）彼は大声で罵り汗を出したので、頭上から湯煙が生じたほどだった」（『イエズス会士日本年報』）

秀吉は朝鮮からの一部撤退と明への朝貢は認めたものの、朝鮮半島南部の実効支配まであきらめたわけではありませんでした。そうしないと、朝鮮出兵は大失敗だったとみずから認めることとなり、配下の武将たちに示しがつかないからです。ところが明の使節は朝鮮半島からの完全撤退を求めたようです。

こうして秀吉は再征を決意（慶長の役）し、日本軍は朝鮮半島各地に築いた日本式の城郭を守り、朝鮮各地で兵站（物資の補給など）を確保するという地道な作戦に切り替えざるをえませんでした。韓国ではそれらの城を「倭城」と呼んでいます。そして慶長二年（一五九七）一二月、蔚山倭城に明・朝鮮の連合軍が大軍をもって押し寄せてきました。朝鮮出兵最大の激戦といわれる蔚山倭城攻防戦のはじまりです。

城は、釜山の五〇キロほど北の朝鮮東岸（日本海側）にあり、城は完成前でした。城の南を流れる太和江《テファガン》の水路を使い、日本海から城の主郭周辺にもうけられた舟入りまで直かに乗りつけられる構造になっていたため、南の西生浦《ソセンポ》倭城にいた守将の加藤清正《かとうきよまさ》が城を救おうと船で城内に乗り入れました。しかし蔚山倭城の籠城衆がわずか三〇〇〇であるのに対して、連合軍は五万七〇〇〇と、ほぼ二〇倍。食糧も不足し、籠城衆は飢えと渇きに苦しみ、食べ物の代わりに紙を食べ、衣服を雨で濡らして啜ったといいます。清正も籠城衆に「このまま兵粮尽きて飢え死にするくらいなら討って出てともに死のう」（『清正記』）と語ったといいます。

こうして清正は籠城中の翌慶長三年（一五九八）の元旦、この悲壮な覚悟を「御披露にあずかるべく候」、つまり本国の秀吉へどうかお伝えくださいと、釜山方面の諸将へその窮状を書き送っています。いわば死を覚悟した清正の遺言状です。ところが結果は日本軍の圧勝に終わります。連合軍の死者はおよそ二万人。加藤家の家臣が記録した『城廻り敵死骸数の事』によると、攻防戦が終わったのち城の周辺に累々と敵兵の死骸が横たわり、その数一万三八六体に及んだといいます。どのようにして清正らの籠城衆は危機を脱したのでしょうか。

朝鮮南部に駐留していた日本軍が慶長三年の正月二日に西生浦倭城へ集結し、黒田長政《ながまさ》・毛利秀元《ひでもと》・長宗我部元親・鍋島直茂《なべしまなおしげ》・蜂須賀家政《はちすかいえまさ》ら錚々《そうそう》たる顔触れの武将たちが救援へ駆け付けたことが勝利の大きな要因のひとつです。日本軍の援軍到着を知り、退路を断たれることを恐れた連合軍が退却をはじめ、それを期に形勢は逆転。城兵が退却する連合軍の将兵に襲いかかり、太和江が氷結した極寒の中、甲冑を脱ぎ捨てて逃走する敵兵までいたといいます。

しかし一二月二一日に包囲されて、明けて正月四日未明までの一四日間。普請途中だったにもかかわらず、城兵三〇〇〇の蔚山倭城が五万七〇〇〇〇の連合軍の猛攻に耐えつづけたことにこそ、最大の勝因を求めるべきでしょう。一二月二三日に連合軍が第一回目の総攻撃を仕かけて以降、攻撃を繰り返してきたものの、累々と屍《しかばね》を晒したのは連合軍側でした。援軍に馳せ参じた鍋島直茂ゆかりの『朝鮮軍陣図屛風』（公益法人財団鍋島報效会《ほうこうかい》所蔵）の「第一図」（蔚山倭城攻防戦を描いたもの）をみると、まるで餌にたかる蟻の集団のように連合軍の兵士が城を取り巻き、石垣に梯子をかけて城内へ突入しようとする姿が描かれています。そして石垣を攻めのぼる敵兵には城内から一斉に鉄砲の銃口が向けられているのです。つまり日本軍は火力で連合軍側を圧倒し、猛攻をしのいでいたのです。浅野幸長《あさのよしなが》などはみずから銃を撃ちまくり、銃身が焦げてキツネ色になり、その銃を「狐筒」と名付けたという逸話が語られるほどです。むしろん鉄砲による攻撃も、城の防御機能があってこその話です。ある意味、この攻防戦は、日本式の城郭が外国勢と本格的に戦った初めての例だといえ、その築城技術の高さが証明された一戦でもあったのです。

このように蔚山倭城の健闘があったものの、秀吉の死によって日本軍は撤退を余儀なくされ、朝鮮とは慶長一二年（一六〇七）、徳川時代になってから国交は回復しました。その一方、明との関係は、民間レベルでの交易はあったものの、国交回復は明が滅びるまで実現しませんでした。

※イエズス会＝イグナティウス・ロヨラらによって組織されたカトリックの会派。一五四〇年にローマ教皇によって公認された。イエズス会は、その当時起こったルターの宗教改革に対し、カトリック復興運動のために活動。このため、一六・一七世紀のヨーロッパの大部分がカトリック国にとどまることとなり、また、当時新しく発見された東洋やアメリカ大陸にもキリスト教を布教するためにも貢献した。スペイン語では「イエスの軍隊」を意味し、中国では耶蘇《やそ》会と表記する。

《主な参考文献》上垣外憲一著『文禄・慶長の役』（講談社学術文庫）、中野等『文禄・慶長の役』（吉川弘文館）、播田安弘『日本史サイエンス』（講談社ブルーバックス）、平川新『戦国日本と大航海時代』（中公新書）、安部龍太郎著『信長はなぜ葬られたのか』（幻冬舎新書）

コラム　秀吉「中国人説」を追う

韓国で豊臣秀吉というと、国民の誰もが知る悪役。韓国では秀吉の朝鮮出兵（文禄の役）を「壬申倭乱《じんしんわらん》」と呼び、そのときに国土を蹂躙《じゅうりん》した敵の総大将だからです。いまでこそ、このように秀吉の悪名は朝鮮全土に広まっていますが、文禄の役当時、李氏朝鮮王朝の宰相の地位にあった柳成龍《リュソンニョン》が著した『懲毖録《ちょうひろく》』に秀吉の出自がこう記されています。

「平秀吉が源氏（室町幕府将軍）に代わって（日本の）王となる。秀吉は華人《かじん》という」

秀吉は華人、すなわち中国人だというのです。その『懲毖録』によると、まず秀吉は中国から日本へ渡った後、日本で「薪を負う」暮らしをしていたといいます。貧しい暮らしをしていたことのたとえです。ところがある日、路中でたまたま「日本国王」に遭い、その才能を認められ、やがて「勇力善闘」し、功を積み重ねて「大官」となって政権をとったといいます。

ここでいう「日本国王」を織田信長に置き換えると、信長に重用され、やがて天下人へとのぼりつめる秀吉の物語と重なり合います。

この中国人説は、李氏朝鮮国内で誕生した説ではありません。中国からもたらされたのです。秀吉が文禄の役でほぼ朝鮮全土を馬蹄に掛けると、明が参戦し、中国でも日本への関心が高まって「平秀吉」の名が知られるようになりました。中国の史書のいくつかに秀吉の出自や来歴が記されています。この中で最も早く秀吉を中国人だとしたのは、明の年号で万暦《ばんれき》二一年（一五九三）に書かれた『東倭記《とうわ》』（日本の風説書）だとされます。秀吉が文禄元年に大軍を朝鮮半島へ送りこんだ翌年にあたります。そこには、日本へ渡った華人の秀吉が寡婦《かふ》となっていた「宮主」（皇女のこと）を娶り、やがて陰謀を巡らせて日本国王の地位を奪いとったという話に仕立てられています。どこからそういう話になるのかまったく理解できません。

しかも、次第に中国人だった秀吉の出身地まで中国の史書に登場するようになります。明朝の末期に編纂された『国権《こっけん》』によると、もともと秀吉は中国の全州《ゼンシュウ》（広西《こうせい》チワン族自治区全州市）出身もしくは寧波出身で、広東《かんとん》の海賊曾一本《そういっぽん》に従っていたものの、戦いに敗れ日本へ亡命したというのです。そこから先は、これまでの話と同じような展開になります。日本へ亡命した秀吉は国王（信長か）に信頼され、後に「関白」と自称。関白はまるで漢の大将軍のようであり、その大将軍の秀吉が政権を奪い取って日本国王になるというのです。

秀吉の出身候補地のひとつ寧波は、朝鮮出兵後、秀吉の祐筆山中長俊がその意向を代弁する形で、居を定めるとした国際貿易港です。秀吉が寧波出身の中国人なら、「なるほど、故郷に錦を飾ろうとしたのか……」と思わないでもありませんが、「秀吉中国人説」はまったくの誤伝です。

ではどうして、そんな誤伝が生まれたのでしょうか。ひとつには、秀吉の出自がはっきりしていなかったことが挙げられます。ただそれでも、秀吉を中国人とするには飛躍があります。秀吉の朝鮮出兵の翌年にあたる万暦二一年、明国政府の高官が敵情視察として日本へスパイを送りこんでいることが確認できます。その際の報告書に、浙江・福建《ふっけん》・広東三省の中国人が日本に居留し、じつに日本の人口の「十有其三」（一〇分の三）を占めていたというのです。

彼らの多くは倭寇《わこう》（※）に連れ去られた中国人だと思われますが、秀吉がそうした在日中国人二〇〇〇名を、中国沿岸部の浙江・福建・広東三省へ攻め入るために麾下《きか》に加えたとする報告もなされています。朝鮮出兵とともに彼らが中国へ帰り、「秀吉中国人説」を流布したという説が提唱されています（鄭潔西《ていけっさい》著「秀吉の中国人説について」）。

戦国時代、日本国内に多くの中国人が居留していた可能性に加え、倭寇と称した中国人海賊が日本を拠点とする例もありました。明が満州族の清《しん》朝に追われる形で亡命政権となった後、その復興に身を捧げた鄭成功《ていせいこう》の母は平戸（長崎県）の田川七左衛門《たがわしちざえもん》の娘。つまり日本人。鄭成功は近松門左衛門《ちかまつもんざえもん》の浄瑠璃『国性爺合戦《こくせんやかっせん》』のモデルとなった人物です。その父の鄭芝龍《しりゅう》は中国人の貿易商で、日中間を行き来し、巨万の富を築いていました。

このように秀吉の朝鮮出兵当時、日中間で人の出入りが激しかったことが「秀吉中国人説」を生む背景にあったといえるでしょう。

※倭寇＝朝鮮の『高麗史』に日本人が朝鮮半島を襲った記事が一二二三年に初めて現われ、朝鮮・中国で日本人の海賊集団をそう呼ぶようになった。倭寇は朝鮮半島の沿岸を荒らし回り、米穀や租粟《そぞく》のほか、沿岸の住民も略奪対象になった。捕虜にされた住民は日本に連れてこられただけでなく、琉球へ転売されることもあったという。倭寇の構成員は、日本の地頭などの武士や名主などの有力農民のほか、武装した商人など。朝鮮側では応永二六年（一四一九）に、対馬を倭寇の巣窟とみなして掃討（応永の外寇《がいこう》）。それまで朝鮮半島を襲った倭寇は転進して中国大陸に向かい、元や明を攻撃するようになった。やがて、室町幕府三代将軍足利義満が明と朝貢貿易をおこない、中国での被害も減少し、倭寇そのものは衰退するが、一六世紀に入ると、中国大陸の南岸での活動が活発になる。ただし構成員中に占める日本人の割合は極めて少なく、大部分が中国人であったことを特徴としている。

《主な参考文献》鄭潔西著「秀吉の中国人説について」（『或問』第一四号、二〇〇八年所収）

家康の章

其の一

信長の合戦にあらず！長篠の合戦と家康

長篠の合戦（愛知県新城市《しんしろ》）――織田信長が新兵器の鉄砲三〇〇〇挺をそろえた鉄砲隊が待ちかまえる長大な馬防柵《まぼうさく》に、武田勝頼が無謀にも自慢の騎馬隊を突っこませ、多くの将兵を失って大敗した合戦として記憶されてきました。しかも信長は、一発撃てば次の射撃までに時間がかかる鉄砲（火縄銃）の弱点を補うために射撃手が次々と変わる「三段撃ち」という新戦法を編みだし、彼を軍事的天才とする神話も作られました。黒澤明監督の映画『影武者』で、武田の騎馬武者が敵の一斉射撃によってバタバタと撃ち殺されるシーンは筆者の記憶に鮮明に残っています。

以上は、例の大日本帝国陸軍参謀本部編『日本戦史』が小瀬甫庵の『信長記』や『総見記《そうけんき》』（一七世紀終わりに『信長記』を参考にして書かれた信長の一代記）を典拠に、通説として確立させたことによる虚像です。その後、戦前の歴史家が受け継ぐ形で長い間、信じられてきた話ですが、歴史研究家の鈴木眞哉《まさや》氏や藤本正行氏によって、その通説が覆されました。

まず当時の鉄砲の性質や射撃の技術からみて、鉄砲三段撃ちというのは不可能であること。そして三〇〇〇挺という鉄砲の数にも疑問が投げかけられました。史料的価値が高い太田牛一著『信長公記』（刊本）には一〇〇〇挺と記載されているからです。ただし同じ『信長公記』でも、牛一自筆の岡山大学附属図書館所蔵池田文庫本には「鉄砲千挺」と書かれた右上に「三」と書き加えられ、「三千挺」へ訂正されています。一般的にはこの訂正は牛一自身の手によるものでなく、後世の人の加筆だとされています。いったん「千挺」と記載した彼がその誤りに気づき、訂正した可能性も残っています。それでも筆者は刊本の『信長公記』にあるとおり、信長が家臣の佐々成政《さっさなりまさ》や前田利家《まえだとしいえ》ら五人を奉行に編成させた足軽鉄砲隊に預けた鉄砲は一〇〇〇挺だったと考えています。その後、ほかの部分での見直しも進みました。

たとえば馬防柵です。合戦場となった設楽ヶ原《したらがはら》（有海原《あるみがはら》ともいう）では連吾川《れんごがわ》が南北に流れ、西に織田・徳川連合軍、東に武田軍がそれぞれ陣し、地元の伝承では織田・徳川連合軍の前線全域にわたって長大な馬防柵がめぐらされていたことになっています（133ページの地図④参照）。通説によると、その馬防柵も信長のアイデアで岐阜城（当時の居城）を出陣する際、兵士一人につき材木一本・縄一束《いっそく》を持たせたと江戸時代の史料に書かれています。当時、柵や逆茂木《さかもぎ》（敵の侵入を防ぐために、とげのある枝や先端をとがらせた枝を逆さに立ててはりめぐらした垣根）を戦場で構築する際、材料を現地調達するのが常識でした。その意味では画期的な戦術といえますが、信用できる史料で裏が取れず、信長の独創性を強調する後世の作り話だろうとなっています。また、そのスケールは別にして、戦場に柵をもうけることそのものは戦国時代によくあることでした。

このように新戦術を用いたとする信長の評価が下がる一方で、無謀な突撃を行ったとされる武田勢の見直しが図られました。

①騎馬隊そのものの概念が再検討されていること。

②織田・徳川方で鉄砲に撃たれて討ち死にした者がいることなどから、武田勢はただ騎馬での戦いにのみ頼ったのでなく、鉄砲隊が存在していた可能性があること。

③平山優氏は「合戦において、柵が敷設されていたり、多勢や優勢な弓・鉄砲が待ち受けていたりしていても、敵陣に突入するという戦法は、当時ごく当たり前の正攻法だった」（『検証　長篠合戦』）とした上で各史料を読みこみ、武田軍が柵を引き倒す用具を備え、たとえば、「縄の先端に鹿角や鉤をつけたものを柵に向かって投擲《とうてき》し、ひっかけて引き倒し

たことが想定」（前同）されるとしていること。

以上です。

そして見直し作業は、この合戦の政治的背景にも及びました。

そもそも、この合戦が長篠の合戦と呼ばれるのは、武田勝頼が天正三年（一五七五）四月に徳川氏の領国三河へ侵攻し、同名《どうめい》の城を包囲したことにはじまるからです。勝頼の父信玄は、三河侵攻の途中で陣没《じんぼつ》し、武田軍はいったん軍勢を本国の甲斐へ引き上げました。その後、体勢を立て直し、勝頼は父の意志を継ぎ、遠江や三河での反攻を期していたのです。一方の家康はその勝頼に遠江の重要拠点、高天神城《たかてんじん》（静岡県掛川市）を奪われていました。

そういう情勢のなか、勝頼が奥三河にある徳川方の長篠城を包囲したのです。城は小城《こじろ》とはいえ、家康としては遠江の高天神城につづき、三河でも敵（武田）に拠点を作らせるわけにはいきません。三河・遠江全体の領国支配に影響を及ぼしかねないからです。

逆に勝頼は反織田勢力の足利義昭（一五代将軍）や本願寺の一向一揆勢と連携し、三河に手を伸ばしてきたのです。こうして長篠城という小城の存在が一気にクローズアップされました。

また徳川と同盟関係（清洲同盟〈※〉）にあった信長は、勝頼の遠江侵攻の際に家康に軍事的支援をおこなう余裕がなかったため、徳川の本拠（三河）の長篠城救援のために何としても手を差し伸べる必要がありました。

このように信長は家康のために出陣したのであって、この合戦の主体はあくまで家康にあります。現に家康はこの合戦に勝ち、少しずつ武田勢を追いこんで、ついに天正九年（一五八一）に高天神城を奪い返すのです。当時の徳川と畿内を制した織田との力の差は歴然としていましたから、家康が援軍を要請し、その結果、信長自身が出馬してきた以上、徳川勢は獅子奮迅の働きをみせる必要があります。ここにこそ、長篠の合戦の謎を解く鍵があると考えています。よって一般的に長篠は「信長の合戦」といわれていますが、筆者はあえて家康の項で取り扱うことにしたのです。

この長篠の合戦が「家康の合戦」といえる、より具体的な理由は後述するとして、まずは五月二一日に設楽ヶ原で決戦の火蓋が切られるまでの流れを確認しておきましょう。

勝頼は守兵わずか五〇〇の長篠城を一万五〇〇〇の大軍で囲み、五月八日から猛攻を加えました。一方、織田・徳川側は一五日に岡崎城で合流し、総勢三万八〇〇〇の大軍となって、一八日に信長が設楽ヶ原の西、石座山《いわくらやま》（茶臼山）（地図④参照、以下同）に着陣します。しかし信長はすぐに動きませんでした。後詰めにやってきて、長篠城が落ちたら元も子もありません。なぜなのでしょうか。『信長公記』からは、信長が武田勢の猛攻に備え、陣地を築いていたこと

郵便はがき

料金受取人払郵便

牛込局承認

8133

差出有効期間
2023年 8 月19
日まで
切手はいりません

162-8790

東京都新宿区矢来町114番地
神楽坂高橋ビル5F

株式会社ビジネス社

愛読者係 行

ご住所 〒 TEL: ( ) FAX: ( )			
フリガナ お名前		年齢	性別 男・女
ご職業	メールアドレスまたはFAX メールまたはFAXによる新刊案内をご希望の方は、ご記入下さい。		
お買い上げ日・書店名 年 月 日	市区 町村		書店

ご購読ありがとうございました。今後の出版企画の参考に
致したいと存じますので、ぜひご意見をお聞かせください。

書籍名

お買い求めの動機

1　書店で見て　　2　新聞広告（紙名　　　　　　　　）

3　書評・新刊紹介（掲載紙名　　　　　　　　）

4　知人・同僚のすすめ　　5　上司、先生のすすめ　　6　その他

本書の装幀（カバー），デザインなどに関するご感想

1　洒落ていた　　2　めだっていた　　3　タイトルがよい

4　まあまあ　　5　よくない　　6　その他(　　　　　　　　)

本書の定価についてご意見をお聞かせください

1　高い　　2　安い　　3　手ごろ　　4　その他(　　　　　　　　)

本書についてご意見をお聞かせください

どんな出版をご希望ですか（著者、テーマなど）

が確認できます。

　その陣地は石座山の織田陣地のほか、現存する遺構から弾正山《だんじょうやま》（徳川陣地推定地）などに及び、それはもはや陣地という概念を越え、「陣城《じんしろ》」（戦場における臨時の城）であったとされたこともありました。しかし、弾正山などに残る遺構の多くは明治以降の開墾の跡という結論がだされ、陣城説は否定されるようになりました。それでも信長が、馬防柵を含めて設楽ヶ原を前に土塁などをもうけて陣地を築いていたのは事実です。

　この信長の動きは勝頼の目に、どう映ったのでしょうか。勝頼は、戦況を心配する国元の家臣へ、「敵（織田・徳川）はてだて

地図④　長篠の合戦の両軍布陣図

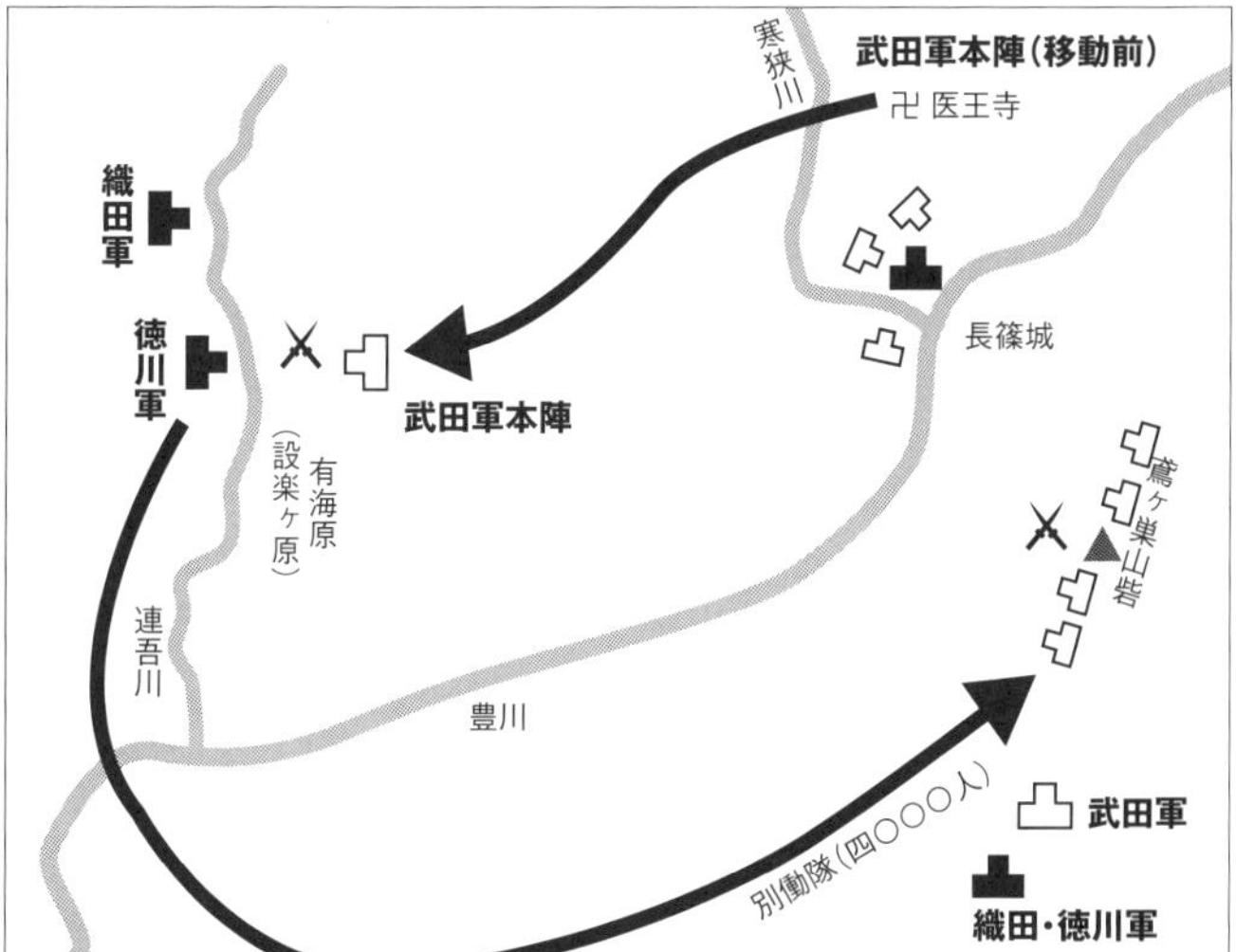

を失い、ますます逼迫している。彼らの陣へ乗り懸け、信長、家康両敵ともに、このたび（討ち取って）本意を達することができるだろう」といっています。すなわち敵はどう攻めたらいいか策に窮して後方に引っこんだまま出撃してこないから、これを機に宿敵の信長と家康を討って本懐を遂げることはさほど難しくないというのです。戦況を心配する家臣への手紙だから威勢のいい言葉が並ぶのは当然としても、勝頼は本当に敵が臆して陣地の中に引っこんでいると考えていたのかもしれません。もちろん信長もそうした勝頼の思考は計算済みだったことでしょう。桶狭間の合戦の項でみてきたとおり、敵に油断させるのは信長の戦術の基本のように思えます。

ここで信長が重臣の佐久間信盛を武田方へ偽って降らせたとされる陰謀について紹介しておきましょう。信盛は勝頼の側近、跡部《あとべ》勝資《かつすけ》らを通じて織田家を裏切るという起請文を出し、「時をみて信長の旗本へ斬りかかる」と申し出たというのです。この話はいくつかの史料に掲載されていたにもかかわらず、ほとんど無視されてきました。ただ長篠古戦場の保存に努めた明治の医師で歴史家の牧野文斎翁《ぶんさいおう》が緻密な研究の末に記した『設楽原戦史考』によると、信盛の陣は織田・徳川連合軍の「柵外」に位置したと書かれています。勝頼からみたら、信長が佐久間の去就を怪しみ、いわば敵の中に放りだした形にみえたことでしょう。と同時に佐久間の裏切りを裏付ける証拠とも考えたことでしょう。これも勝頼の油断を誘う信長の策といえますが、あくまで俗説です。

ただし俗説は俗説でも、牧野翁が佐久間隊を「柵外」に布陣させているとしたのは重要です。信長の陰謀があったかどうかより、そのことがある事実を導きだしてくれるからです（詳細は後述）。

そして二一日の決戦前夜、織田・徳川連合軍は、鳶ヶ巣山《とびがすやま》砦の奇襲攻撃を敢行しました。この砦は長篠城を包囲する武田軍の砦群の中核拠点です。信長は徳川勢に兵と鉄砲を貸し、家康の重臣酒井忠次《さかいただつぐ》（徳川四天王の一人）率いる二〇〇〇の別働隊（信長の手勢を含めて計四〇〇〇）が結成されました。『信長公記』によると、辰の刻（午前八時ごろ）、その別働隊が鉄砲数百挺とともに砦を攻撃。やがて、ほかの砦の武田勢も撃破します。地図④をみると一目瞭然で、勝頼の本隊がその別働隊に背後を衝かれ、挟撃される危険が生じたのです。

そこで勝頼は挟撃を恐れ、軍を敵陣地へ前進させ、開戦の火蓋が切られたとされてきました。挟撃されて敗北が確定するより、無謀だとわかっていても敵が待ち構える馬防柵に突撃を敢行して奇跡を呼び起こす——勝頼はそう考えたに違いないという理屈です。

ところが、『信長公記』は日の出（午前四時半ごろ）から設楽ヶ原での合戦がはじまり、未《ひつじ》の刻（午後二時ごろ）までつづいたと書いていています。つまり、別働隊の奇襲攻撃より三時間以上も早く、武田軍は馬防柵へ向け、前進していることになります。

こうなると話は違ってきます。実際に別働隊が砦を攻撃したのが辰の刻だとしても、その前に武田軍がその存在に気づいていた可能性があるのです。そうなると、鳶ヶ巣山砦の攻撃はまず奇襲でなかったことになります。勝頼は砦が落ちる事態を想定し、挟撃される前に織田・徳川連合軍に勝負を挑んだのでしょう。馬防柵が敵の前線全域にわたって張りめぐらされた長大にして強固なものだとしたら、いくら挟撃の恐れが生じても、実際に砦の武田勢が酒井の別働隊を撃退する可能性がまだ残されていた時点でそういう判断はしなかったはずです。勝頼は、馬防柵や敵陣内の防御施設（土塁など）をさほど強固なものと思っていなかったのでしょう。そしてそれは、勝頼が判断したとおりだと思います。

既述のとおり、武田軍の攻撃が無謀なものでなかったことは少しずつ立証されつつあります。事実、合戦は午前四時半から午後二時まで一〇時間近くかかっています。本格的な戦いの開始を午前一一時ごろとする史料もありますが、それでも三時間。防御陣地まで築いて万全の準備をしていたはずの織田・徳川連合軍はかなり苦戦しているのです。

その理由のひとつはやはり、武田の騎馬隊が強かったことにあると思います。

ただし騎馬隊といっても、映画『影武者』のシーンや明治陸軍の騎兵隊のように、馬に乗った兵士が一団となって疾駆《しっく》するわけではありません。騎馬武者には供の従者（徒士の者）が付随していました。騎馬隊と呼ばれているものの、馬と騎馬武者だけで編成されていたわけではありません。ここからは、武田騎馬隊について再検証してみたいと思います。

まず、こんな話があります。まだ勝頼の父信玄が存命のころに徳川勢を粉砕した三方ヶ原《みかたがはら》の合戦（静岡県浜松市北区＝一五七三年）で「四郎勝頼（中略）二本の馬印を左右の脇に押し立て、馬より下《お》り（中略）突崩《つきくず》す」（『改正三河後風土記』）とあります。勝頼は馬から下り、徳川の旗本勢へ突きかかって切り崩したというのです。史料として信用できない軍記物語ながら、最近見直しが進む『甲陽軍鑑』は、長篠の合戦でも武田勢の騎馬武者の多くが馬を従者に曳かせ、鑓《やり》をとって戦っていたとしています。鑓を持って敵と戦う必要上、馬上だと片手綱《かたたづな》にならざるをえない事情があるためのようです。『甲陽軍鑑』に「片手綱というはよくよく馬を乗り覚え、巧者になってのこと」とあり、馬上、鑓をふるって敵と一騎打ちできるのは、著名な侍大将クラスか、よほどの技量がないと難しかった現実を表わしています。

また決戦のあった五月二一日は、現在の暦では梅雨の真っ盛りのころにあたります。その数はともかく、大量に鉄砲を使う予定だった信長が鳶ヶ巣山砦の奇襲を意図したのは、すでにその日までに梅雨が明けていたか、五月晴れ《さつきば》（梅雨の合間の晴れ）とまではいかなくとも、少なくとも雨がやんでいたからでしょう。当時の鉄砲、すなわち火縄銃は雨が降っていたら使えないからです。

しかし、合戦当日が梅雨の時季であったのは間違いありません。設楽ヶ原の大地は雨をたっぷり吸いこみ、ぬかるんでいたことでしょう。それでなくてもそのあたりの地形は複雑で、南北に流れる連吾川は南に行くほど両岸は切り立ち、かつ土地は平坦でなく傾斜し、織田・徳川連合軍側の兵が馬防柵の外で戦ったとしても、身を伏せる自然地形の要害がいくつもあったと考えられます。つまり映画のシーンのように騎馬武者を一団となして馬防柵へ突っこませるには、あまりに悪条件が重なっていたのです。通説ではそれでも武田の騎馬隊が無謀な攻撃をしかけたことになっていますが、常識的には考えられません。

ここからはさきほどの話と矛盾しますが、『甲陽軍鑑』に「いづれも馬を大将（侍大将）と役者（騎馬武者）と一備えの中に七、八人乗り」という描写があることも伝えておきます。そこからは騎馬に巧みな武士だけを一備えに――つまり特別に騎馬専用部隊を編成していた状況がうかがえるのです。おそらく「乗崩し《のりくず》」のための部隊でしょう。馬の機動性を生かし、敵陣の一角に斬りこむことを「乗崩し」といいます。平山氏の著書（『検証　長篠合戦』）や各史料を読みこんでいくと、西日本の武将らが馬を輸送手段と考え、戦場では足軽らを中心とする集団戦法を主としていた一方、東国では武田軍に代表される騎馬戦法も併用していた事実がうっすらとみえてきます。長篠の合戦においても勇敢な騎馬専用部隊が果敢に馬防柵内の敵陣地への「乗崩し」を図ろうとしたことでしょう、既述のとおり、決して騎馬武者にとって有利とはいえない気候や地形的条件にかかわらず、連合軍側が苦戦したのはやはり、彼らの強さが関係していたといえます。

それに加えて連合軍側の苦戦の最大の理由は、馬防柵にあったと考えています。これまでくどくどと述べてきたのはひとえに、この話題のためです。

長篠が家康の合戦であったことと馬防柵の問題とを併せて考えていきたいと思います。

前線には徳川勢を中心に信長の旗本のほか、織田勢の滝川一益・羽柴秀吉・丹羽長秀がおのおの隊を率いて布陣していました。『信長公記』には「(徳川)家康、滝川(一益)陣取りの前に馬防ぎの為、柵を付け(もうけ)」とあり、前線のうち徳川・滝川両隊の前にしか馬防柵がなかったと読み取れる記述があります。これをもって馬防柵は前線のごく一部にしかなかったと結論づけることはできませんが、馬防柵をめぐってはもうひとつ謎があります。

徳川美術館(名古屋市)所蔵の有名な『長篠合戦図屛風』です。高校の教科書などの挿絵《さしえ》としてみた読者も多いことでしょう。

長篠の合戦を描いた屏風は一三点ほどが確認されています。そのうち、徳川御三家のひとつ、尾張藩の家老成瀬《なるせ》家が徳川家を顕彰《けんしょう》する目的で描かせた屏風（犬山城白帝文庫《いぬやまじょうはくていぶんこ》蔵）を原本として模写された屏風群のひとつが、その徳川美術館蔵の合戦図屏風（成立は一八世紀後半ごろ）だといわれています。

合戦屏風のような絵画史料は文献史料を補う面がある半面、基本的に鑑賞用に作られているため、それを鑑賞する側の好みに合わせているところがあるのは重々承知しています。それでも徳川勢だけが馬防柵の前にでて、鉄砲を撃っている絵柄を無視することはできません（写真参照）。もちろん、この屏風図は徳川家を顕彰する目的で描かれているため、その活躍を際立たせるために脚色したという解釈があります。ただ素直に解釈すると、織田勢はあくまで三河勢の後詰めにすぎず、合戦の主体は徳川勢にあります。既述したとおり、家康は信長みずから出馬してくれたことへの感謝の意を示すため、徳川勢がその覚

悟を示すように柵の前で戦ったともいえます。

ところで、この合戦には真田《さなだ》兄弟も出陣していました。といっても有名な真田信之《のぶゆき》（初代松代藩主）と信繁《のぶしげ》（通称幸村《ゆきむら》）の兄弟のことではありません。この二人の父真田昌幸の長兄《ちょうけい》と次兄《じけい》です。真田家は彼らの父幸綱《ゆきつな》（幸隆《ゆきたか》）の代から武田家に仕え、昌幸の長兄信綱《のぶつな》と次兄昌輝《まさてる》がこの合戦に従軍し討ち死にしたので、三男の昌幸が真田家を継ぎました。『甲陽軍鑑』によると、真田兄弟は右翼の陣に属し、武

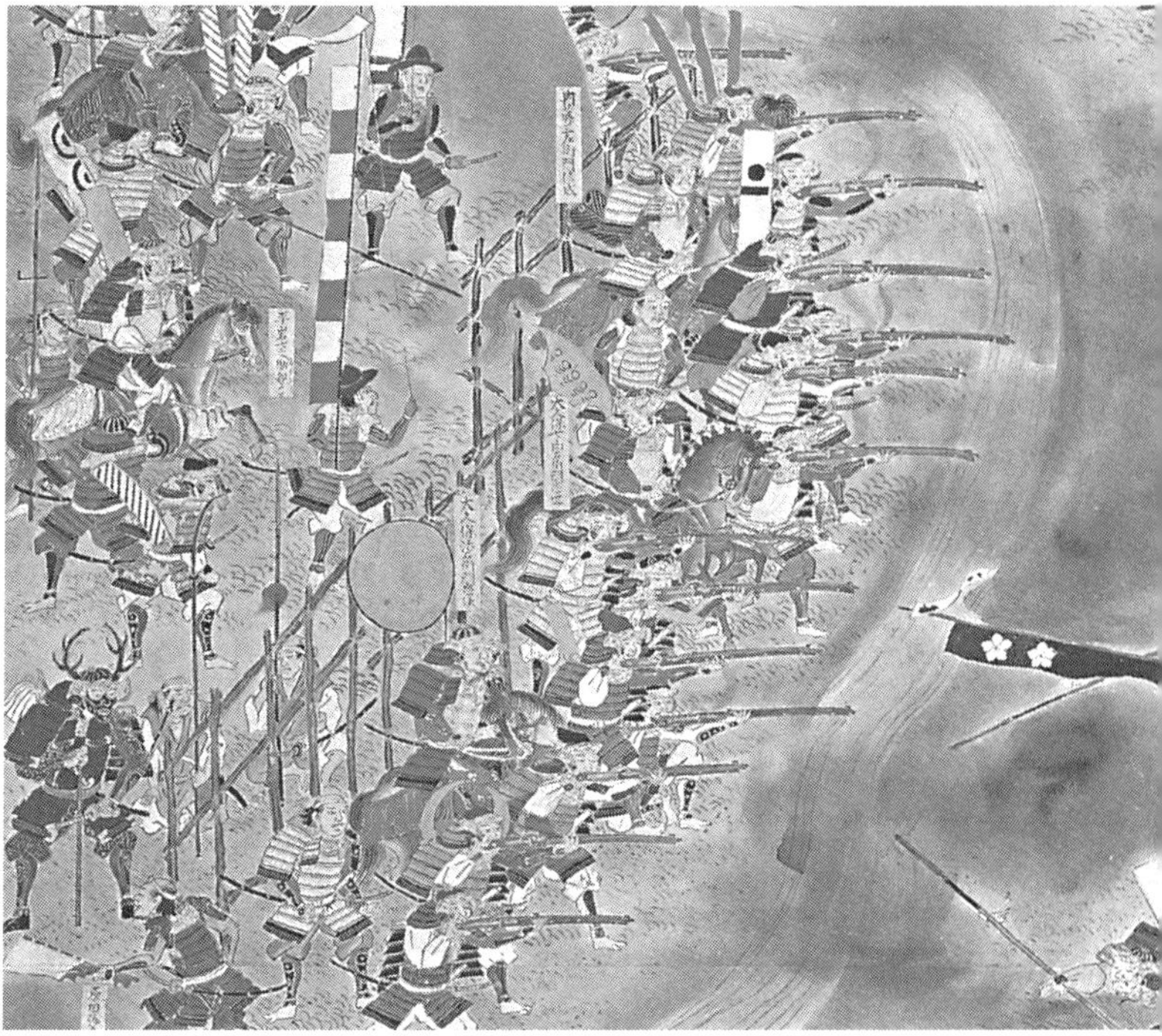

長篠合戦図屏風　（©Alamy Stock Photo／amanaimages）

田家重臣の馬場信春《ばばのぶはる》勢と入れ替えに、土屋昌続《つちやまさつぐ》らとともに織田・徳川連合軍の陣地へ攻め寄せたとあります。彼らが攻め寄せた敵陣は、徳川勢のように柵の外に出ていなかったと書かれています。やはり徳川勢は柵の外で戦っていたのです。

しかし、信長にその覚悟のほどをみせるためとはいえ、家康はなぜ大事な家臣を危険に晒し、柵の外にだして戦わせたのでしょうか。敵が寄せてきたら柵の中に退却し、味方の鉄砲に敵がひるんで引いたら柵の外に出て追い打ちをかける——おそらく、そういう戦いぶりだったのではないかと思いますが、それでも危険が伴います。

ここで明治の医師で歴史家の牧野翁が書いた『設楽原戦史考』を思い出していただきたいのです。佐久間信盛の陣が織田・徳川連合軍の「柵外」に位置したという話を書きました。佐久間が裏切りの偽装をおこなうためだったという俗説を排除するなら、馬防柵は防御上、それほど大きな意味をもたなかったともいえます。平山氏が指摘しているとおり、馬防柵は武田軍によってそのいくつかが引き倒されたのではないでしょうか。

実際に屛風をみていますと、柵を土の上に押し立てているものの、脆弱な造りのように映ります。また梅雨明け後まもない季節だけに土地はぬかるんでいたはずですから、なおさらです。仮に馬防柵が前線全域におよぶ長大なものだとしても、すぐ引き倒されてしまう代物だったのではないでしょうか。だからこそ家康も信長に覚悟を示すため、大事な家臣たちを「柵外」にだして戦わせることができたのです。

各史料から本格的な開戦の火蓋は、武田勢の山県昌景《やまがたまさかげ》隊と徳川軍の間で切って落とされたとみて間違いないようです。結論からいうと、長篠の合戦は信長が画期的な戦術を用いて武田騎馬隊を粉砕したというより、これまでの戦い方の延長線上にあるものにすぎず、その主役は、獅子奮迅の活躍をみせて信長の信頼をよりいっそう勝ち取ろうとした家康だったというべきではないでしょうか。

※清洲同盟＝信長の居城清洲城（愛知県清須市）で結ばれたため、この織田・徳川同盟をこう呼ぶ。ただし、この同盟については見直しが進み、まず清洲城で信長と家康の両者が揃って会盟したという話に疑問が呈され、同盟の内容もこのときにすべて成立したわけではなく、順次、拡大していったという解釈が主流になっている。

《主な参考文献》平山優著『検証　長篠合戦』（吉川弘文館）、名和弓雄著『長篠・設楽原合戦の真実』（雄山閣）、鈴木眞哉著『戦国軍事史への挑戦』（歴史新書y）、同著『戦国「常識・非常識」大論争！』（同）、藤本正行著『長篠の戦い――信長の勝因・勝頼の敗因』（同）、小口康仁著「「長篠合戦図屏風」の展開」（中根千絵・薄田大輔編『合戦図：描かれた〈武《もののふ》〉』〈勉誠出版〉所収）、拙著『信長、秀吉、家康「捏造された歴史」』（双葉新書）

コラム

そのとき「どうした、家康！」
将来を運命づけた人質時代の重大決定

家康の幼少期は今川家の「人質」だった時代です。それではなぜ家康は人質にならなくてはならなかったのでしょうか。まずは松平一族が三河で台頭する時代までさかのぼりましょう。

初代は室町時代はじめのころの人物で松平親氏《ちかうじ》という武将です。次の信光《のぶみつ》（これには異説あり）は系図類によると、四十余人の子だくさん。その子たちが三河国各地に割拠して松平一族は勢力を広げて「一八松平」と呼ばれ、岩津《いわづ》城（岡崎市）の松平家を惣領に一八家あったとされています。ただし確認されているのは一四家です。「松」の字を分解すると「十八公」となるので縁起を担いだという説があります。このうち家康は庶流にあたる「安城《あんじょう》松平家」の出身です。しかし、彼の祖父清康《きよやす》の時代に嫡流の地位を奪い取るのです。

彼こそが家康以前の松平一族が生んだ最大のスター。一三歳で家督を継いだ清康はまず「岡崎松平家」の城を奪いとります。のちに現在の岡崎城の場所へと城を移し、城下や菩提寺（大《だい》樹《じゅ》寺）を整備して、本拠を安城（城名は安祥）からここへ移しました。そして嫡男の広忠《ひろただ》（家康の父）が生まれてしばらくたった享禄《きょうろく》二年（一五二九）、東三河の吉田城（愛知県豊橋市）を攻め落とします。その後も彼は攻め手をゆるめず、ほぼ三河を統一しかけたといわれています。

ところが天文《てんぶん》四年（一五三五）一二月、思わぬ事件が清康を襲います。彼は三日、「桜井《さくらい》松平家」の信定《のぶさだ》の居城守山《もりやま》城（名古屋市）を攻めるため岡崎城を発ち、城を包囲している間に阿部《あべ》正澄《まさずみ》という重臣が敵に内通しているという流言が飛びました。その子の弥七郎は早とちりし、父が上意討ちになる前にと考え、清康を背後から斬りつけて惨殺するのです。これを「守山崩れ」と呼びます。

家康の父広忠はわずか一〇歳。家臣たちをとうてい統率できず、それどころか、岡崎城にいると信定や織田の息がかりの者らに殺されかねない状況に追いこまれます。そこで広忠は岡崎から逃れ、城は信定のものとなりました。このとき阿部正澄は、早とちりした子の弥七郎の罪を償おうと、幼い広忠を奉じ伊勢へと亡命し、次いで今川義元の援助をえて三河の毛呂《けろ》城（岡

岡崎城の天守閣

崎市）へ落ちつきます。この間、東三河は今川に事実上、占領され、西三河も織田信長の父信秀の圧力を受けていました。それでも広忠は、今川勢の支援によって天文六年（一五三七）六月、ようやく岡崎城にもどることができ、その年一二歳で元服します。やがて父の仇というべき信定が死去します。すると尾張の織田信秀が三河へ軍勢を進め、安祥城へ攻めかかってきました。こうして広忠は、父清康のもともとの居城だった城を織田方に奪われてしまいます。

今川に支えられ、ようやく岡崎を維持している広忠は、三河と尾張の国境に位置する刈谷《かりや》の城主水野忠政《ただまさ》の娘（於大《おだい》）を妻に迎え、翌天文一一年（一五四二）一二月、嫡男の竹千代（家康）が生まれました。このころ松平氏は隆盛時と比べれば、ジリ貧の状況にあったといえます。しかも頼りにしていた水野家で忠政が没し、嫡男の信元《のぶもと》が跡を継ぐと敵方の織田に属してしまいます。広忠は今川の機嫌を損なわないために於大を離縁。幼い竹千代は母と引き離されました。

なおも不幸の連鎖はつづき、織田方へ寝返っていた叔父の松平信孝《のぶたか》らが岡崎城を攻め落とそうとすると、広忠はもはや今川に加勢を頼むしか手はありませんでした。義元はその見返りに竹千代を人質に求め、広忠も差し出そうとします。ところが尾張田原城主の戸田康光《とだやすみつ》に裏切られ、竹千代は駿河へ向かう途中にさらわれて織田方の人質になりました。天文一六年（一五四七）一一月、六歳のときに家康は人質交換で今川家の本拠駿府《すんぷ》（静岡市）へ送られ、以来一一年に及ぶ人質生活がはじまるわけです。しかもその二年後に父広忠が岡崎城内で家臣に殺されてしまいます。根強いのは近臣の岩松八弥《いわまつはちや》に殺害されたという説です。

ここからは余談ですが、清康と広忠の父子二代にわたって家臣に殺されるという異例の最期もさることながら、二人を斬った刀がいずれも村正《むらまさ》（刀工名）だったといわれています。ここから「村正は徳川家に祟る」という妖刀伝説が生まれ、のちに家康を大坂の役で散々苦しめた真田信繁が江戸時代に「真田幸村」と呼ばれるようになるのは、この妖刀名に関連付けるために後付けされた名前だからです。

駿河での家康の人質時代に話をもどしましょう。ここでよく語られるのは、広忠が殺され、世継の家康が人質にとられた松平家の家臣らの境遇です。彼らは身を粉にして今川家に尽くすものの年貢米を横取りされたため、百姓のように鍬や鎌を取って田畑を耕し、道で駿河衆（今川家の家臣）に会ったら卑屈なまでに身を屈め、はいつくばって生きていたというのです。そ

家康産湯の井戸

れでいて合戦となれば狩りだされ、最前線に送られます。

　ただし以上の話を掲載する『三河物語』は江戸時代初めの旗本、大久保彦左衛門《おおくぼひこざえもん》が子孫への教育のために書いたものとされ、内容がそもそも教訓的。逸話は誇張されている疑いがあります。たとえば家康の人質時代の話を伝えた最も古い史料とされる『松平記』（作者不詳）には家康の父広忠にも義元が憐憫の情を示し、松平家に同情する一面がのぞいています。そうなるとやはり、『三河物語』の内容は疑って考える必要があるでしょう。

　ただし「三河衆（松平家の家臣）の半分はみな、今川殿（義元）へ出仕していた」と『松平記』にありますから、家康の人質時代、松平家の家臣は形式上、今川家の家臣として扱われていたことがわかります。さらに「岡崎城の本丸には駿河衆が入り、彼らが城を預かっていた」（『松平記』）というのです。岡崎城も事実上、今川家に乗っ取られていたわけです。

　やがて、その松平家の君臣ともに一一年間待ちに待った瞬間がやってきました。永禄三年（一五六〇）五月一九日、今川義元が桶狭間で織田軍の急襲に遭い、首を取られてしまうのです。家康はこのとき三河衆を率いて今川方の最前線の城である大高城（名古屋市）に兵粮を運び入れ、その日の午後、義元の到着を待っていました。しかし、途中の桶狭間で討ち死にしたため、義元はやって来ませんでした。

このとき家康は将来を運命づける大きな決断をします。彼はこのとき「どうした」のでしょうか。順を追ってみていきましょう。

まずお断りしておきたいのは、この間の話にはいくつかパターンがあることです。まず松平家の菩提寺・大樹寺の伝承では、桶狭間から岡崎まで帰って来た家康はいったん、その菩提寺に入ったのち敵方に寺を包囲され、先祖の墓の前で自害しようとします。そこを住職に諭されるという話です。

その一方、徳川創業期の代表的な史料のひとつ『武徳編年集成《ぶとくへんねんしゅうせい》』によると、様相が少し違ってきます。家康の人物像は主に江戸時代の歴史書によってその性格付けがなされているので江戸幕府を開いた家康をおとしめるようなことは書けません。いわゆる「徳川史観」による制約があります。この「徳川史観」にもとづく話ではこうなります。

大高城へ義元敗死の知らせが届いたのは、その日の薄暮のころでした。当然、城兵たちは浮足立ちます。このとき「すでに沓掛城（今川方の城＝愛知県豊明市）の兵たちも逃亡した」という情報が飛び交い、松平の家臣たちは「早く軍を退き、帰国すべき」、つまり、すぐさま岡崎へ帰りましょうと進言します。ところが家康は「陣中には訛言《かげん》（たわごと）がつきもの。それを信じてあとで嘘だとわかったら世の誹謗を受ける。もうしばらく待ってから真偽を確かめよ」といいました。このあたりの決断は、われわれが抱いているとおりの家康の慎重な性格がよく表われています。

やがて織田方となっていた母方の伯父、刈谷城主水野信元の使者から義元死亡の情報が寄せられてようやく確信します。しかし、ここでも慎重でした。家康は「闇夜に退却すれば混乱する。それよりは月が出るまで待とう」といい、結果、その判断が功を奏し、夜更けには三河の池鯉鮒《ちりゅう》（同知立市）に到着します。翌二〇日、池鯉鮒をでた家康の軍勢は岡崎をめざし、懐かしい城の姿を目にします。君臣ともに夢にまでみた岡崎城の奪回がもうすぐそこまできているのです。岡崎城には駿河衆が詰めているといっても敗戦の混乱に乗じ、奪い取るという選択肢がありました。ここで家康が大きな決断をしたのです。こののち幾度となく的確な判断を迫られる事態に直面しますが、このときが人生で初めての決断だったといえるかもしれません。

『武徳編年集成』はこう伝えています。

「神君（家康）はこのまま入城したら今川への礼を失することになると考え、城へ入らず、大樹寺（松平家の菩提寺）に駐屯した」

こうして家康は義元が討ち死にしたことを城内に伝え、三日待ちました。二三日、岡崎城の駿河衆はようやく義元の死を確信したらしく城を後にし、残ったのは三の丸に籠もる松平家の家臣たちばかりです。例の『三河物語』はこのとき家康に「捨てた城なら拾おう」といわせています。たしかに今川勢が城を捨てて退却したのは事実です。

やがて家康と家臣たちの夢はかなうわけで、相手が退却するまで待った家康の決断が「義を重んじる」という後世の評価に繋がったと『武徳編年集成』は語っています。以上が事実だとしたら、たしかに家康の三河平定とその後の天下取りに大きなプロパガンダとなったことでしょう。しかし、この話はやはり割り引いて考えるべきだと思います。

ところで、ここまで便宜上、「家康」と書いてきましたが、現実にはこのときまだ彼は「松平元康《もとやす》」という名乗りでした。今川義元から「元」の偏諱《へんき》（※）を与えられていたからです。桶狭間の合戦の後、今川家では氏真《うじざね》が家督を継ぎ、当然のことながら家康に帰順を求めてきます。今川からの独立を決意した家康も、ただちにそれまでの関係を絶ったわけではありません。合戦の二年後、永禄五年（一五六二）になって伯父水野信元の仲介で信長と同盟（清洲同盟）し、今川家と完全に手切れとなってから「元」の字を返上し、「松平家康」となりました。

そこから家康は三河の統一を進め、永禄九年（一五六六）までに実現し、その年の一二月、朝廷に申請して三河守に任じられます。そのとき「松平」の姓を「徳川」に改めることが認められました。そして今川氏の勢力が減退していくと、その隣国の遠江に進出し、浜松城を築き、のちに居城します。最後に「徳川」の姓の由来についてみていきましょう。

前述した親氏が三河国松平郷（愛知県豊田市）の国衆（≒地頭）の婿に入ってから、その松平氏の躍進がはじまるというのが通説です。親氏はまた、鎌倉時代の初めに上野国新田《にった》荘（群馬県太田市）を領した新田義重《よししげ》（その嫡流の末裔が新田義貞）の四男を祖とするというのも通説です。新田義重は清和源氏の一族で、鎌倉幕府を開いた源頼朝《みなもとのよりとも》の親戚。その御台所《みだいどころ》の政子も源氏の長老として義重を敬っていることが『吾妻鏡《あづまかがみ》』（鎌倉幕府の公式歴史書）で確認できます。その四男の名を得川義季《とくがわよしすえ》といい、「得川」を嘉字《かじ》（縁起のいい字）の「徳川」にあらためたといわれます。ただし義季が新田荘内の世良田《せらた》（群馬県太田市）という土地を父から相続しているのが確実な一方で、相続した所領の中に「得川」という土地は見当たりません。

家康が本当に清和源氏であったかどうかは極めて怪しいといわざるをえませんが、ともあれ、三河平定後に朝廷に願いでて、ここに「徳川家康」が誕生したのです。

※偏諱＝貴人の二字以上の名の中の一字をいい、貴人への敬意からその一字を避けることをこう呼ぶ。それとは逆に、将軍や大名が功績のあった家臣らに自分の名の一字を与えることを「偏諱を与える」という。

其の二

天正大地震が起こらなければ関ヶ原を待たずして家康は死んでいた

天正一四年（一五八六）の年明け早々のことです。秀吉は信長の次男織田信雄を通じて家康を懐柔しようとします。

信雄は秀吉によって織田家の事実上の当主に祭りあげられ、そのまま天下人になれるものと思っていたところ、利用されていたことがわかり、家康を誘って秀吉に挑みかかった武将です。こうして名人戦と呼ばれる小牧長久手《こまきながくて》の合戦の幕が開くものの、信雄は秀吉の甘い言葉に乗ってしまい、家康を誘っておきながら自分だけさっさと講和してしまいます。梯子をはずされた形の家康もやむなく、次男の秀康《ひでやす》を人質にする形で秀吉との和睦に応じざるをえませんでした。ここで秀吉となお戦いつづけるのは得策ではないと考えたからでしょう。すでに秀吉と家康では、このとき動員兵力や経済力で大差がついていたからです。

だからといって家康が秀吉に臣従したわけではありません。徳川家の家中でも秀吉との抗戦派・恭順派の両派に分かれ、どちらかというと抗戦派が優勢でした。逆に秀吉がしびれを切らし、あの手この手を使って何とか家康を懐柔しようとしたのが通説です。

信雄を通じての交渉はその第一幕でした。しかし家康は応じず、秀吉は五月になって実妹の朝日姫を家康の正室として差し出しました。朝日姫は家康の正室といっても事実上の人質です。

このときすでに越後の上杉景勝《うえすぎかげかつ》を従え、九州を除き西日本をほぼ統一していた秀吉としては異例のことといえます。ちなみに前年七月に秀吉は関白になっています。これまで五摂家（近衛・鷹司・一条・二条・九条の各家）で持ち回りしてきた関白に武家として初めて食いこんだわけです。その秀吉の関白は「武家関白」といわれます。「天皇の代理」といわれる関白の職に「天下静謐執行権限」という征夷大将軍の権限を加えた〝最強関白〟と理解されています。このときまだ足利義昭は将軍職を返上していないので、当然のことながら天下を静謐に保つ力はなく、関白になった秀吉が天皇の代理としてその権限を振るったという解釈です。

この事実上、武家のトップに立った秀吉が妹を人質に出してまで家康に臣従を乞うたものの、家康はそれでもなびきませんでした。そこで秀吉は一〇月、生母の大政所《おおまんどころ》を朝日姫の見舞いと称して徳川家へ送り、大政所は一八日に岡崎城に入りました。見舞いというのは口実で、大政所も事実上の人質。さすがにそこまでされたら家康も覚悟を決めねばなりません。二七日、家康は大坂城で秀吉に謁見し、臣従しました。こうして家康は豊臣政権下の大名になりました。

それにしても天下の大半をほぼ手にしかけていた秀吉が、なぜここまでしなければならなかったのでしょうか。一方の家康も家康です。天下の関白を相手に、どうしてここまで強気な態度にでられたのでしょうか。のちに小田原の北条氏は関白の秀吉の命に従わなかったという理由で逆賊とされ、事実上、秀吉に滅ぼされました。

以上の理由として通説は、小牧長久手の合戦における秀吉の軍事的敗北に原因を求めています。その敗北で秀吉は家康にトラウマのようなものを感じ、戦ったら負けると思い、力以外の別の手段で懐柔しようとしたというのです。それでは、名人戦と呼ばれる合戦の経緯を振り返ってみましょう。

秀吉軍は天正一二年（一五八四）三月一四日、まず織田領の伊勢に攻め入り、配下の武将池田恒興が同じく織田領の犬山城《いぬやま》（愛知県犬山市）を攻め落としたことから、尾張方面が主戦場となりました。

居城にしていた浜松を発って信雄の居城清洲城へ入った家康は、さすが合戦の名人です。当時は廃城となっていたものの、信長が築いて攻めるに難しいとされていた小牧山城（同小牧市）

を修築し、入城しました。一方の秀吉は少し遅れて、小牧山から五キロほど北の楽田《がくでん》（同犬山市）に本陣をすえたのです。『当代記《とうだいき》』によると、秀吉の上方勢は一〇万（実際には六万〜八万）、織田・徳川連合軍は一万六〇〇〇〜一万七〇〇〇（実際には三万〜六万）。秀吉の上方勢は数で押しているとはいえ、先に要害の地（小牧山城）を敵に奪われたのは痛手でした。

このとき家康の重臣榊原康政《さかきばらやすまさ》（徳川四天王の一人）が陣中で「（秀吉が）織田家に向かい、弓を引くこと不義悪逆《あくぎゃく》の至りなり」という檄文《げきぶん》を書き、それを知った秀吉が康政の首に一〇万石の懸賞をかけた話は有名です。家康は信雄と連合していたから、秀吉が織田家に弓を引いたのは事実です。徳川方は秀吉を挑発しようとしたのです。しかし地理的に不利な秀吉も動けば敗れることはわかっています。こうして対陣が長引いたのです。この合戦が名人戦と呼ばれる所以です。

しかし最終的に秀吉は動いてしまいます。ただし小牧山の徳川勢を攻めたのではなく、長駆《ちょうく》、家康の本拠三河を衝く——軍事用語でいう〝中入り策〟にでたのです。秀吉は、甥の三好秀次（のちの関白豊臣秀次）に池田恒興、森長可、堀秀政の三将をつけ、ひそかに出陣させました。とはいっても中入り部隊は二万におよぶ大軍です。動きは家康に筒抜けになっていたのです。

家康は小牧山城から主力軍に秀次らの部隊を追撃させ、みずからも信雄とともに出陣しました。この合戦は追いかけっこに喩えられます。まずは徳川勢が上方勢の中入り部隊を追いかけました。

一方、その中入り部隊はおおむね一番隊の池田隊から順に森長可隊・堀秀政隊・三好秀次隊と行軍し、四月九日の朝、食事を終えて警戒をゆるめていた最後尾の三好隊が白山林《はくさんばやし》（愛知県尾張旭市）で捕捉され、奇襲攻撃を受けたのです。この奇襲で三好隊は総崩れとなり、三番隊の堀隊の参戦によって形勢を挽回したのも束の間、「（家康の）金扇《きんせん》の馬印、峯際《みねぎわ》より朝日の出るがごとく」あらわれたと『太閤記』でやや誇張気味に書かれているとおり、上方勢の兵たちは家康本隊の到着に浮き足立ったといいます。やがて残る一番隊と二番隊が長久手（愛知県長久手市）でふたたび徳川・織田連合軍と激突したものの、恒興・長可の両将が討ち取られ、大敗北を喫したのです。

そこから、また両軍の追いかけっこがはじまります。その日の午後、秀吉も長久手での敗報を聞き、すぐさま徳川勢を追い、夕刻、家康が小幡城《おばた》（名古屋市）に拠っているという情報を与えるや、城から二キロ程度はなれた龍泉寺《りゅうせんじ》へ入りました。秀吉は徳川勢の攻撃に備えて一夜で堀を築き、「秀吉公一夜堀」といわれています。実際に一夜で防御陣地をこしらえるのは難しいでしょうから、堀はあったにせよ野営に近い形だったはずです。ところが家康は、夜陰にまぎれて小牧山城へ帰ってしまいます。振り出しにもどったわけです。

合戦そのものはその後、秀吉が大坂と尾張方面を幾度となく往復し、やがて数で徐々に徳川軍を圧迫します。それでもこの長久手と白山林での秀吉軍の惨敗をもって、その軍事的敗北とされているのです。

それでは本当にこの敗戦で秀吉は家康に負い目——あるいは戦えば負けるというトラウマを抱えてしまったのでしょうか。

幕末に館林《たてばやし》藩士の岡谷繁実《おかやしげざね》が編纂した『名将言行録《めいしょうげんこうろく》』によると、小幡城にいた家康がすぐ目の前で野営している秀吉本隊を攻めず、夜陰に乗じて小牧へ撤退したことをのちに部下に問われ、「必ず勝つと思ったが、もしも秀吉を討ち洩らしたら、散々なことになると思い、右の趣《おもむき》（撤退策）を用いたのだ」と述懐したといいます。『名将言行録』は、岡谷がさまざまな史料をあたり、戦国武将や江戸時代半ばまでの大名らの逸話を集めたものです。しかし、その逸話ひとつひとつの信憑性は疑われています。ただし根も葉もないことは史料に残らないという前提に立つと、小牧長久手の合戦における家康の心理がこの話から垣間見えるような気がします。「散々なことになる」という表現から、勝ったはずの家康が秀吉を警戒しているとみられるからです。

一方の秀吉は家康に負い目を感じるどころか、信州上田城《うえだ》（長野県上田市）の城主真田昌幸に宛てた手紙が新たな事実を提示してくれています。昌幸が豊臣陣営に入ったばかりのころの話です。小牧長久手の合戦の翌年、すなわち天正一三年（一五八五）一一月一九日、秀吉は昌幸に「家康を成敗することにしたが、もうすぐ年末だから、来年一月、成敗することにした」と書き送っていたのです。秀吉は、武力で家康を屈服させる方針だったことがわかります。当時、昌幸は家康と対立していましたから、自陣営になった真田家へのリップサービスとも考えられません。つまり天正一三年十一月一九日の時点で「来年正月に家康を討つ」と息巻いていた秀吉が年明けになると態度を急変。一転して弱気になって信雄に家康との仲介を依頼し、やがて実の妹どころか、産みの母親さえ人質にだすことになるのです。

天正一三年の十一月半ばから年明けまでの一ヶ月半の間に何があったのでしょうか。この「空白の一ヶ月半」の間に起きた事件をあれこれ探していくと、有力な手がかりが見つかりました。

天正大地震です。天正一三年一一月二九日の深夜零時ごろ、イエズス会の宣教師ルイス・フロイスは「人々がいまだ見聞した記憶がなく、歴史書においても読んだことのないほどのはなはだ異常で恐るべき地震があった」（『日本史』）と書いています。この地震については公卿をはじめ、多くの人が記録を残してくれています。

残った記録から確認できる被害地域は近畿地方から東海地方、さらに北陸地方と広い範囲でした。公卿の吉田兼見《かねみ》の日記『兼見卿記』に丹後・若狭・越前・越中あたりの浦々に波が打ち寄せ、家ごとことごとく押し流したとありました。日本海側を大津波が襲っていたのです。

そのほか京都の有名な三十三間堂《さんじゅうさんげんどう》では観音像六〇〇体が倒壊し、飛騨白川村《しらかわ》（岐阜県白川村）の帰雲城《きうん》では山崩れで城が倒れ、秀吉に帰属したばかりの城主一族や家臣らが一人残らず亡くなったといいます。秀吉の居城だった近江長浜城にはそのころ、山内一豊《やまうちかずとよ》（のちの土佐藩主）が居城していましたが、地震で娘のよね姫を亡くしています。よね姫は当時まだ六歳。地震の夜、一豊は留守にしていたものの、〝一豊の妻〟で有名な千代がいました。家臣の一人はまず千代の無事な姿を見て安堵しますが、そのあと衝撃を受けます。千代を安全な場所に移した後、彼がよね姫の部屋あたりに舞い戻り、すぐさま屋根を切り破って中をのぞくと、大きな棟木《むなぎ》の下敷きになって息絶えていたのです。

秀吉も被災者の一人でした。当夜、大津の坂本にいた秀吉は、地震の凄まじさにビックリ仰天。用事をすべて放りだし、馬を乗り継いで大坂へ避難したとフロイスが書いています。

徳川家の家臣松平家忠《いえただ》の日記『家忠日記』には、徳川家の本拠である三河でも一一月二九日に大きく揺れ、その翌日の深夜にもまた大きな揺れを感じたと書かれています。このことから地震学者の間では、二九日と三〇日とでは別の活断層《かつだんそう》が連動して動き、被害地域を広げたという説があるようです。奈良興福寺の僧多聞院英俊が一二月五日付の『多聞院日記』に「（一一月）二九日より今日まで、ひと七日地震これあり」と書いています。つまり、余震を含めて一週間も揺れがつづいたことになります。大災害です。

しかし、これで謎が解けたわけではありません。天正大地震の被害地域はおおむね、秀吉の勢力圏から一部家康のそれにまたがっています。秀吉がとても合戦、すなわち家康を討つことなどできない……と考えたところまでは納得いきます。それなら、家康も被災者の一人です。そのことは前述した『家忠日記』が証明しています。また家康の居城のひとつ、岡崎城は地震のあと新たに普請しています。地震で城が倒壊したから、城を改築しなければならなかったというのが通説でした。

だとしたなら、みずから被災しながらも、家康が秀吉に強硬な態度を取りつづける理由がわからなくなります。ところが、やはり秀吉が真田昌幸に宛てた例の書状から別の事実が浮かびあがってくるのです。

当時、徳川勢が信州へ侵攻していたのに、なぜか急に兵を退いたことに昌幸は不審の念を抱きます。その理由を探るため、甲州あたりまで目付を差しつかわして調べさせていました。そこへ例の秀吉の書状が届いたのです。そこには来年年明け早々の徳川攻めの話とともに、徳川勢が信州から撤退した理由が書かれていました。

その秀吉の書状によると、一一月一三日、家康の重臣石川伯耆守数正《いしかわほうきのかみかずまさ》が徳川家を出奔し、妻や子どもとともに秀吉のもとへ身を寄せてきたというのです。つまり家康の重臣が徳川家の将来を見限って豊臣家に鞍替えしたことになります。数正は家康の股肱《ここう》の臣で岡崎城の城代をつとめていました。ところが豊臣家との取次役となったがために、強硬姿勢を崩さない徳川家臣団との板挟みに苦しめられたといわれています。結果、徳川家臣団から孤立し、出奔を余儀なくされたというのです。いわゆる中間管理職の悲劇ですが、このことがこの謎解きに大きく関係してきます。

前述したとおり、岡崎城は地震のあと新たに普請しています。地震で城が倒壊したから改築しなければならなかったとされているものの、数正が岡崎城代だった事実を考えると、別の事実がみえてきます。地震が起きる二週間ほど前まで岡崎城の城代だった石川数正が出奔したことによって岡崎城の城構え、すなわち城内部の配置やら何やらが秀吉側に筒抜けになってしまうからです。そこで改築を余儀なくされたと解釈できるのです。

これまでの論点をまとめると、こうなります。

①秀吉は天正一三年一一月一九日の時点で年明け早々、家康を攻める予定だったが、二九日の深夜に地震が発生。上方から濃尾地方（岐阜・愛知）まで被害が広がった。

②秀吉自身、被災し、その復興のために家康と戦う余裕がなくなった。

③家康の領国も被災したものの、秀吉の勢力圏よりは被害が少なかった。

④秀吉はやむなく家康に礼を尽くし、臣従させようとした。

⑤秀吉側の事情を知っていた家康は、だからこそ強気な態度で秀吉との和睦を拒みつづけた。

⑥こうして秀吉は実母まで人質にださざるをえなかった。

天正大地震が起きなかったら、家康がのちに述懐しているとおり、「散々なことになり」、すなわち秀吉に関ヶ原を待たずに滅ぼされ、徳川の天下と江戸時代はこなかったかもしれません。

そして地震の衝撃が、秀吉が家康を武力で討とうとした歴史的事実を覆い隠してしまったのでしょう。地震から一五年たった慶長五年（一六〇〇）の時点では、すでにわれわれと同じ歴史認識を持っていたことが吉川広家《きっかわひろいえ》（毛利家重臣）の書状（『吉川家文書』）でわかります。当時、関ヶ原の合戦前夜という政治状況にあり、広家が抗戦派の安国寺恵瓊に自制を促す言葉の中で次のような表現を使っています。

「（小牧長久手の）合戦で家康様が勝利をえられましたが、太閤様がご思慮をもって和談を整え、天下は太閤様のものとなりました」

歴史というのは、こうして塗り替えられていくものなのでしょう。

《主な参考文献》平山優著『真田三代』（ＰＨＰ研究所）、拙著『「真田幸村「英雄伝説のウソと真実」』（双葉文庫）

コラム　神君は大和を越えたのか

天正一〇年（一五八二）六月二日の早朝、京の本能寺で織田信長が明智光秀に殺されたとき、家康はわずかな供回りで和泉の堺にいました。彼は武田滅亡後、その領国だった駿河国（旧今川領）をたまわり、その感謝の気持ちから国元へ帰る信長のために天竜川にわざわざ舟橋を架けるなどの気づかいを示しました。その返礼で信長から上方遊覧に招かれていたのです。

そこから史上有名な「神君（家康）伊賀越え」がはじまります。そのコースは道険しく、かつ、わずかな供しか引き連れていません。明智勢の追っ手のみならず、落ち武者狩りのような連中も家康の首を狙っています。よって「御生涯御艱難《かんなん》の第一」（『徳川実紀《じっき》』）とまでいわれ、伝説化しています。

家康が伊賀越えしたのは間違いありませんが、堺から伊賀に至るルートが大きくちがっているのです。

通説では、和泉の堺（大阪府堺市）からまず北へ向かいます。摂津の平野（大阪市平野区）、河内の飯盛山《いいもりやま》（大阪府四条畷市）をへて、山城の宇治田原《うじたわら》（京都府宇治田原町）、近江の信楽《しがらき》（滋賀県甲賀市）から伊賀に入り、柘植《つげ》（三重県伊賀市）をへて鈴鹿山脈にかかる加太《かぶと》（鹿伏兎とも書く）越えで伊勢に至るコースです。あとは伊勢湾を船で渡り、三河に帰りつくのです。これを北回りコースとしておきましょう（地図⑤参照）。

ところが、もうひとつ堺から東へ向かい、大和越えで伊賀に入る南回りルートがあるのです。北か東か――スタート時点で大きくちがっています。「北か東か、どうする家康？」と、選択を迫っているようにも思えます。また家康が後者の大和越えを選択していたら、ある通説がひとつ、覆されることになるかもしれません。

家康は果たして大和越えしたのでしょうか。

ただ北回りにしろ、南回りにせよ、伊賀の峠を越えるわけです。藤田達生氏によると、堺からの全行程二〇〇キロ余のうち、家康一行が実際に伊賀の国内を通過した距離はわずか一〇分の一程度だというのです。まず素朴な疑問として、なぜ一割にすぎない「伊賀越え」がこれほど有名な話になったのかという疑問につきあたります。

伊賀越えの話でよく使われる史料は

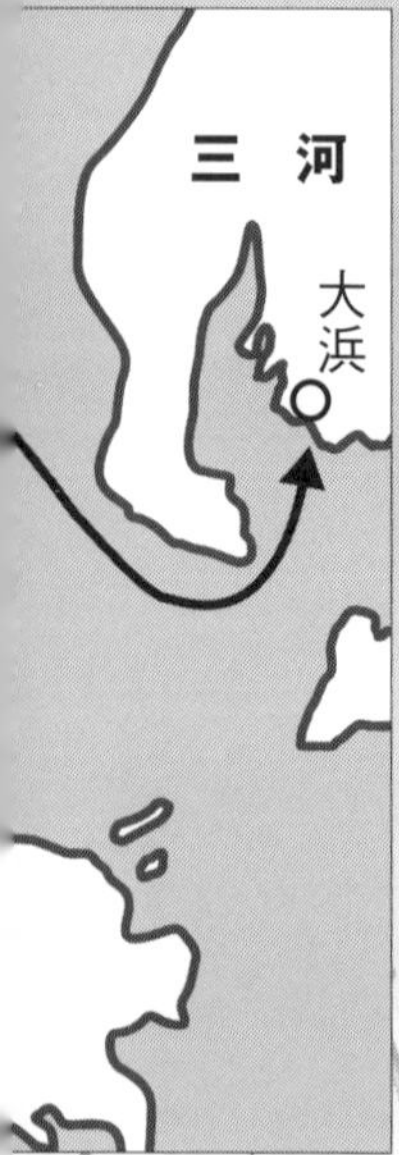

江戸時代半ばの享保《きょうほう》一一年（一七二六）に成立した『伊賀者由緒書』です。そこには、家康の伊賀越えに尽力した一九〇人の伊賀者の名が記され、伊賀出身の家臣服部半蔵《はっとりはんぞう》（二代目）を通じて褒美が与えられたことになっています。家康は伊賀者をいわゆる「影の軍団」、つまり隠密集団として用いようと考え、伊賀越えの後、彼らを徳川配下へ組みこむことに成功しました。しかし時代が下って平和な時代がくると、「影の軍団」の必要がなくなってきます。寛《かん》永《えい》一二年（一六三五）には伊賀同心（伊賀組）の仕事が諜報活動から江戸城、それも大奥の警備へと変更されるので

地図⑤　伊賀越えルート

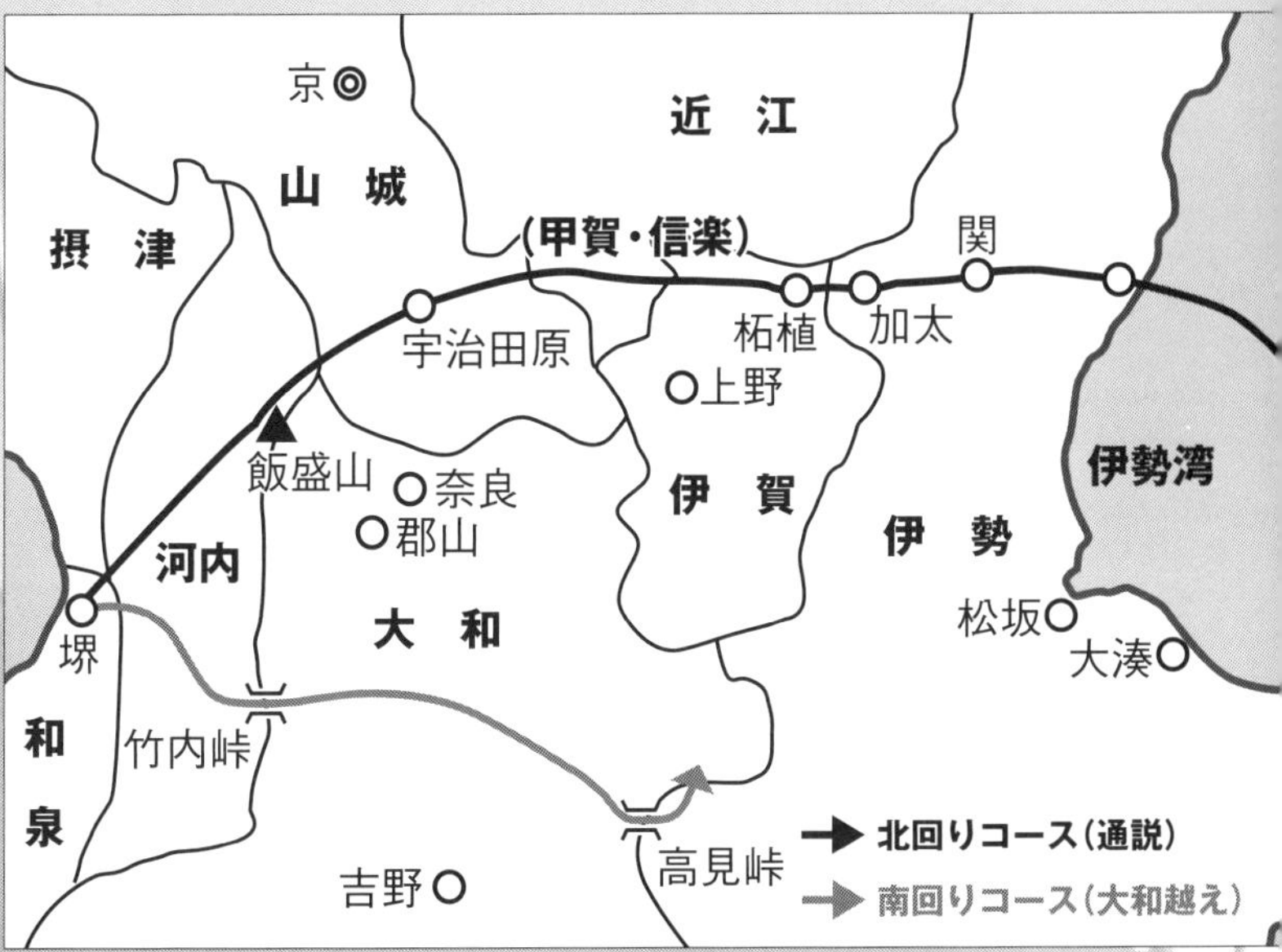

す。そうやってメインの仕事を外された伊賀組の面々にとって、先祖が神君家康公の「第一の艱難」を助けたと喧伝する必要が生じたのではないでしょうか。そうした事情から由緒書が作られ、全行程の一割にすぎないながら、「伊賀越え」という言葉がひとり歩きしていったのでしょう。

だからといって伊賀者が何の活躍もしなかったのかというと、そうではありません。由緒書のみならず、各史料から彼らの活躍は確認できます。たとえば家康の旗本大久保彦左衛門忠教著の『三河物語』には、どうして伊賀者が家康に協力したか、その答えも書かれています。

織田信長は天正伊賀の乱（一五七八〜七九年、一五八一年）の際、伊賀者を「撫《な》で切り」にしたのみならず、他国へ落ちた者も見逃さずに成敗しました。ところが家康は頼ってくる伊賀者をかばうどころか、「扶持《ふち》」まで与えたので、彼らは「このとき（伊賀越え）こそ御恩に報いるときだとして警護に馳せ参じた」というのです。以上の話を史実でないとするだけの根拠はありません。

それでは北と南、どちら回りで家康一行が伊賀入りしたのか考えてみましょう。通説はもちろん、北回りです。それは主に『石川忠総留書《いしかわただふさとめがき》』（以下『留書』）に拠っています。『留書』（メモ）の筆者忠総は、大久保忠隣《ただちか》（小田原城主となったが後に改易）の子息で石川康親《やすちか》の養子となった武将です。石川一族には家康の重臣として有名な数正がいて、彼や忠総の実父忠隣らが家康の伊賀越えに随行していました。『留書』には随行した家臣の名やルート、堺からの里程（距離）まで記され、前述した藤田氏が示した距離もこの史料にもとづいています。したがって情報源のたしかさやその内容の詳細さから、一部ほかの史料と差異があるものの、おおむね家康の伊賀越えルートがこの『留書』によって確定してしまったといえます。

かたや『当代記』や『大和記』などに南回りルート、すなわち家康が大和越えしたことが記されていながら、以上の理由で無視されてしまったのでしょう。それではその大和越えのルートを示しておきましょう。おおむね次のように

現在の伊賀越えの近隣

考えられます。

　まず家康一行は堺から東へ向かい、河内と大和の国境にある竹内《たけのうち》峠を越えて大和に入ります。国中《くんなか》（奈良盆地）を横断する形でなおも東へ進み、八木《やぎ》（奈良県橿原市）から南下して明日香村の芋《いも》ヶ《が》峠《とうげ》を通って吉野方面へ。そして江戸時代に伊勢南街道の宿場として栄えた大和上市《かみいち》（同吉野町）へ出て、そこからまた東へ伊勢南街道を進み、高見《たかみ》峠を越えて北上し、伊賀へ至るルートです。

　この大和越え説のルーツは、大和の国衆である十市《とおち》遠光《とおみつ》が家康の大和通過を護衛したと、その由緒書に記載していることにあります。そう、またもや由緒書です。さきほどの伊賀衆と同じ理屈で、コース上の国衆が家康を護衛したと史実を捏造するため、わざわざ大和越えというルートを作り上げたと考えられなくはありません。神君伊賀越えについて書かれた論文や記事は多くあるのに、南回りルートが記載されることはまずない状況です。ところが郷土史研究家上島秀友《うえじまひでとも》氏の指摘によって看過できない問題のあることがわかりました（『本能寺の変　神君伊賀越えの真相―家康は大和を越えた』）。

　大和越えを否定できないのは、天正一〇年（一五八二）六月の「東照宮《とうしょうぐう》御《ご》判物《はんもつ》」にあります。東照宮（家康）の朱印や花押《かおう》などが捺《お》された文書という意味です。実際に家康の朱印は捺されていませんが、「記録御用所本《ごようしょぼん》」（江戸幕府が諸家から提出させた古文書）の写しで「古文書の忠実な書写」とされています。決して偽文書《ぎもんじょ》の類ではないのです。そこに「このたび大和越えの節、落度なきようめされ給り、かたじけなく存じ候」とあります。おそらく家康が無事、三河に帰ってから出したのでしょう。大和越えの際にはお世話になりましたと礼を述べているのです。

　家康が礼を述べる面々の中に竹村九兵衛《たけむらきゅうべえ》という人物がいます。竹村道清《みちきよ》ともいい、江戸幕府が譜代の家臣の系譜をまとめた『寛政重修諸家譜《かんせいちょうしゅうしょかふ》』（以下『諸家譜』）には、光秀の反逆で家康が堺からの帰路、「大和国竹内峠を越えさせたまふの時、嚮導《きょうどう》したてまつる」とあります。その忠節が評価され、のちに石見《いわみ》銀山（島根県大田市）の奉行に昇進しました。『諸家譜』はあくまで申告にもとづくものですから、これまた必ずしも史実を反映しているとはいえません。しかし写しとはいえ、その証拠となる「東照宮御判物」が存在している以上、竹村道清が大和越えで伊賀へ向かう家康一行の手助けをしたことは否定できません。大和越えを主張する上島氏は「（道清の）父方の祖父・浄阿弥が竹内峠麓の竹内村の人だったことから、大和越えの起点である竹内峠と関わりがあった。竹内峠に詳しい道清に声が掛かり、大和越えを目指す家康一行の道案内をしたとしても、何ら不自然ではない」としています。

それでは通説が誤りで、大和越えが史実なのでしょうか。この話が一筋縄でいかないのは、『和田文書』に含まれる「東照宮御判物」に、家康が北回りルートで伊賀入りしたことを示す史料が残されているからです。日付は天正一二年六月一二日ですから、やはり家康が無事三河に帰りついてから発給したのでしょう。和田定教《わださだのり》（室町幕府奉公衆和田惟政《これまさ》の実弟）に宛て、その忠節に報いる旨を記載した起請文《きしょうもん》です。神君伊賀越え当時、定教は郷里の甲賀（滋賀県）に帰っていたので、彼が家康一行の甲賀通過の案内役をつとめた証拠でもあります。

このように家康が北回りと南回りのどちらも通ったことを示す一次史料が、それぞれ存在しているのです。どちらかが本物の家康で、もう片方が影武者なのでしょうか。もしそうなら本物の家康はどちらを通ったのでしょうか。興味は尽きませんが、ひとつだけ確実にいえるのは、通説のルートで確定したとはいえず、あらためて南回りの大和越えに注目しなければならないということです。

そして家康が北回りと南回りのいずれを選んだかによって、どこで本能寺の変を知ったのかという通説が覆される可能性がでてきました。

ここで本能寺の変が勃発した当日（六月二日）にもどって考えてみましょう。その日、家康が堺にいたのは間違いありません。本願寺門主顕如《けんにょ》の右筆宇野主水《うのもんど》の日記によると、その日の朝、家康が「上洛した」とあります。本願寺は堺の家康にさまざまな贈り物をしているので、その関係で家康の行動を把握していてもおかしくはありません。そして家康と昵懇《じっこん》な京の豪商茶屋《ちゃや》四郎次郎《しろうじろう》が書き留めた記録によると、彼が京を発ち、逆に京へ向かう家康一行と飯盛山（前出）付近で会い、本能寺の変の凶報を伝えたといいます。つまり家康は京で信長が殺されたことを知らずに堺を発ち、その途次、飯盛山付近で事実を知ったことになるのです。これがほぼ通説化しています。

ただし先の宇野主水の日記には、「信長御生害を知りて、計略をいいて上洛なり」と追記がしてあります。この追記どおりなら、家康は堺で変事の情報を知り、何らかの計略を用いるために上洛したことになります。その計略が何を指すのかはわかりませんが、この追記は本文と墨の色がちがうことも判明しています。したがって事件後になって、何らかの理由で家康が堺で情報を知ったことにするため、書き加えた可能性は否定できません。もちろん飯盛山は北回りコース沿いにありますから、その付近で家康が本能寺の凶報に接しようが、堺でその情報を知ろうが、どちらでもそこを通ることになります。

ところが家康が南回りの大和越えコースをとったとしたら、そうはいかなくなります。堺から竹内峠を越えて大和入りするには堺から東に進むのが一般的だからです。古代の官道第一号と呼ばれる横大路《よこおおじ》（のちの竹内街道）が堺と大和をむすぶ道にあたります。もちろん家康一行がいったん北の飯盛山まで行き、そこで凶報に接していったん引き返し、竹内街道を東へ進むことはできなくはありません。しかしながら、その行動の意味がよくわかりません。堺からは竹内街道を東へ進むのが大和入りの定石《じょうせき》だからです。家康が南回りコースを採用したとしたら、こういう結論になります。すなわち彼が飯盛山付近で茶屋次郎四郎から変事を聞いたという通説が誤りで、家康は宇野主水日記の追記どおり、堺で凶報に接したことになるのです。

北回りか、南回りか――神君家康の伊賀越えルートは、ただそのコースがどこかという問題とは別の問題もはらんでいるといえるのではないでしょうか。

《主な参考文献》上島秀友著『本能寺の変　神君伊賀越えの真相――家康は大和を越えて』（奈良新聞社）、藤田達生著『城郭と由緒の戦争論』（歴史科学叢書、校倉書房）、拙著『「道」で謎解き合戦秘史　信長・秀吉・家康の天下取り』（双葉社刊）

其の二

関ヶ原の合戦は天下分け目の合戦にあらず

「今日が関ヶ原だな」――重要な仕事の案件を戦国時代の合戦に喩え、こんなセリフを口にした読者もいることでしょう。豊臣の天下から徳川の天下へ――関ヶ原はその分け目の合戦だといわれてきました。ところが、いまでは関ヶ原が天下分け目の合戦でなかったどころか、合戦そのものがなかった説も一定の支持を集めているようです。

慶長三年（一五九八）八月に秀吉が逝去してから、翌々年九月一五日に美濃関ヶ原（岐阜県関ヶ原町）で東軍と西軍が雌雄を決したとされるまで、同じ戦国史でもこれほど通説の見直しが進められた時代を知りません。再検証がおこなわれ、歴史が塗り替えられつつある事象を挙げると、次のとおりになります。

①武断派《ぶだんは》七将による石田三成襲撃事件は嘘

②三成と直江兼続《なおえかねつぐ》による「事前密約」は存在しなかった
③小山《おやま》評定はなかった
④合戦当日の小早川秀秋《こばやかわひであき》への「問鉄砲《といてっぽう》」はなかった
⑤主戦場は美濃山中村《やまなか》だった

以上は事実といえるのでしょうか。そして関ヶ原の合戦は本当に天下分け目とならなかったのでしょうか。

まずは①から順に検証していきましょう。

秀吉の遺言とされる書状は三通残っています。代表的なものは、死期を感じ取った秀吉が五大老に秀頼の将来を託した自筆の遺言状（毛利博物館蔵）です。ちなみに、いま五大老と書きましたが、この遺言書では「五人のしゅ（衆）」とあり、大老というのは江戸時代になって作られた用語です。もう一通の秀吉の遺言状、浅野長政（※）が秀吉の遺言を聞き取ったもの（「太閤様御覚書」＝浅野家文書）では「年寄」という表現がなされています。

また、その年寄（以降、便宜的に大老の用語を用いる）は徳川家康・前田利家《まえだとしいえ》・毛利輝元・上杉景勝・宇喜多秀家を指し、五奉行の浅野長政・前田玄以《まえだげんい》・石田三成・増田長盛《ましたながもり》・長束正家《なつかまさいえ》より上位に位置づけられていたと考えられています。ところが二通目の遺言書「太閤様御覚書」

で奉行とされる面々が自分たちを「年寄」と呼び、家康らを「奉行」と呼んでいます。五奉行といわれた面々は自分たちこそが豊臣家の宿老（年寄）だという気概をもち、家康たちを格下の役人扱いにしているのです（逆に家康たちは自分たちこそが「おとな（宿老）」だとみていました）。

秀吉の自筆遺言状を読む限り、家康らの五大老に秀頼の将来、すなわち彼が成人するまでの政治を託したように思えます。このように大老と奉行の力関係は微妙で、決してそうでなかったことがわかります。

しかし秀吉なきあと、家康の存在が大きくなったのは事実です。翌慶長四年（一五九九）閏三月一三日に家康が秀吉の遺言にもとづいて伏見城の西の丸入りした際、奈良興福寺の僧多聞院英俊は日記に「天下殿になられ候」と書いています。ただし筆者の英俊は、家康が本丸入りしたものだと勘違いしていたわけで、家康は実際に、そこがまるで本丸だといわんばかりに天守閣を建てたとして、のちに糾弾されます。また秀吉の遺言で禁じられた有力大名との縁組も進めました。徳川家と縁を結ぶことは徳川との同盟を意味します。こうして家康は「天下殿」として振る舞い、秀吉が亡くなったころより、三成や上杉景勝や毛利輝元らが家康に警戒感を強めていったことがやはり関ヶ原の合戦の伏線となっていきます。

そんな秀吉死後の不安定な政局はついに事件を生みました。家康が伏見城の西の丸に入る少し前の閏三月三日、前田利家が死去すると、豊臣恩顧の武断派七将（福島正則《ふくしままさのり》・加藤清正・黒田長政・池田輝政《てるまさ》・細川忠興《ただおき》・浅野幸長《よしなが》・加藤嘉明）が石田三成を襲撃するため大坂で軍勢を募る事件が発生します（ちなみに七将のメンバーは史料によって異同が生じており、ここでは江戸幕府の公式歴史書といえる『徳川実紀』に従った）。これは三成らが家康を警戒する動きとは関係なく、七将による三成個人への反発が生んだ事件とされてきました。朝鮮出兵の際の対立がベースになり、秀吉や利家が存命のころには抑えざるをえなかった三成への怒りが爆発したとされる事件です。

この事件もその歴史的事実の見直しが進んでいます。

通説では、まず七将の三成への反発を家康がうまくコントロールして人望を集め、そのことを見抜いた三成が逆転の発想で彼らを密かに操る家康の伏見屋敷へ逃げこむ展開の逸話が語られつづけてきました。結果からいうと、これは誤解です。歴史学者の笠谷和比古《かさやかずひこ》氏によると、元禄時代の末ごろに成立した『岩淵夜話《いわぶちやわ》』が誤解を招く要因のひとつになったといいます（「豊臣七将の石田三成襲撃事件：歴史認識生成のメカニズムとその陥穽」『日本研究』22集）。

同書によると、まず三成と昵懇の佐竹義宣《さたけよしのぶ》（水戸城主）が襲撃の噂を聞き、その夜、大坂の三成屋敷を訪ね、「このたびの儀は理を非に曲げても家康公に願い入れるほか手はありません」と述べています。そして義宣が女乗物（身分の高い女性用の駕籠）に三成を乗せてみずから同道して伏見へ上り、家康に庇護を求めました。一方、当時はまだ家康が伏見城の西の丸入りする以前の話ですから、彼の伏見屋敷は城と宇治川をはさんだ対岸の向島にあり、七将がそこへ押しかけて三成の引き渡しを求めると、家康は「身の置き所がなくこの家康を頼って来たのだから、日頃不快に思っている相手でも引き渡すわけにはいかぬ」と答えたというのです。

たしかに以上の話からは、三成が家康の伏見屋敷に逃げこんだと読みとれます。ところが家康の侍医がしたためた『慶長年中卜斎記《けいちょうねんじゅうぼくさいき》』や『慶長見聞集《けんもん》』（江戸時代初めの随筆集）などと、実際に事件が発生した年代に近い史料はこぞって、三成が伏見城内の自身の屋敷に籠ったと書いています。年代に近い史料を優先するのは歴史学の常套《じょうとう》です。とはいえ三成が家康に庇護を求めたとするほうが話としては面白いわけです。それはまた、家康の度量の大きさを示す逸話でもあります。そうして話が一人歩きして広まっていったのでしょう。

この事件の見直しが進んでいる点はほかにもあります。

別府大学教授の白峰旬《しらみねじゅん》氏は公卿や御所の女房、さらには著名な僧侶らの日記（いわゆる一次史料）をつぶさに検証し、そこに「襲撃」という文字が見当たらないため、襲撃計画そのものを否定しています（『新視点　関ケ原合戦』）。

以上の日記類からわかるのは大坂や伏見で「雑説」があり（『言経卿記《ときつね》』）、伏見で三成と七人の大名衆の「申合」があった（『舜《しゅん》日記』）ということ。白峰氏は「申合」を「言い争い」という意味に解されています。このように七武将と三成が対立していたのは事実ですが、それでは両者は何をめぐって「言い争い」していたというのでしょうか。

この少し後に、朝鮮出兵の際に三成の輩下だった軍目付の熊谷直盛《くまがいなおもり》らが処罰されています。そこからも「言い争い」の原因は、朝鮮出兵での彼らと三成との対立にあり、目付側に落ち度のあったことが想定されます。

実際に閏三月一〇日付の『義演准后《ぎえんじゆごう》日記』には、ずばり「訴訟」という表現がでてきます。通説では閏三月四日に七将の襲撃計画を聞いた三成が伏見へ逃れたとしているので、以上のことから伏見の三成は四日以降、七将から朝鮮出兵の際の不当な態度を問題にされ、訴えられていた事実がみえてきます。七将たちが訴訟を有利に運ぶ示威行動として、軍勢で伏見城を囲むようなことはあったかもしれませんが、あくまで問題の本質は訴訟にあります。

『多聞院日記』によると、三成と同じ奉行職の増田長盛と前田玄以も「一所《いっしょ》（同じところ）」に籠ったと記載されています。どこに籠ったのかまでは不明ですが、三人が伏見城内にいたのは間違いありません。白峰氏は「籠った理由は、政治的な謹慎という意味にとらえられる（軍事的抵抗であれば、三成一人が籠ればよかったはずである）」（前掲論文）としており、この事件は三成個人に対する武装襲撃ではなく、奉行衆への集団訴訟事件とみるべきでしょう。

閏三月七日の時点で福島正則らが三成に腹を切らせようとしたという風聞があり（『北野社家《きたのしゃけ》日記』）、そのことが後世、「襲撃」計画があったと誤解されるベースになったのかもしれません。ともあれ、この訴訟問題は、三成の引退と居城佐和山（滋賀県彦根市）への蟄居《ちっきょ》で決着がつきました。その和議斡旋をしたのが家康でした。

さらにつけ加えるなら、この集団訴訟事件からは、家康を支持する一派（武断派諸将）と三成をはじめとする一派との抗争という構図もみえてくるわけです。そして三成らの一派は「アンチ徳川」という一点で結束していたと考えられます。秀吉が亡くなって半年余りの時点で二大党派というべき対立がみえはじめていたわけです。しかも重要なのは、三成らの一派に毛利輝元が加わっていたことです。そのことは、この事件後、輝元がわざわざ家康と誓紙を交換していることで裏付けられます。

一方、この事件で家康は三成の謹慎という落としどころをみつけ、諸将らに訴訟を取り下げさせて実力のほどを示しました。こうして事件を巧みに処理し、多聞院英俊が「天下殿」といった家康の影響力はますます高まり、利家亡き後の前田家も家康に従う姿勢を示しました。

そして年があらたまり、慶長五年（一六〇〇）になると、秀吉の死後、国元の会津（福島県会津若松市）に帰っていた上杉景勝の去就が注目されることになります。その年の二月に景勝が家臣へ送った書状に「敵方」として徳川の動きを知らせているからです。既述のとおり、景勝は早くから家康を警戒していました。ここで三成と兼続の事前密約説は史実かどうかを検証してみましょう。

景勝は、家康からの上洛要請を拒み、ついに追討軍を差し向けられることになりました。国元で謀叛を企てているというのが追討の理由です。家康は豊臣諸将を率い、慶長五年六月一八日に伏見城を発ったものの通説に従うと、上杉方はまったく慌てた素振りをみせませんでした。それもそのはず。三成と示し合わせ、会津に向かう家康を東（上杉）と西（石田）で挟み撃ちにする事前密約が交わされていたとされるからです。その根拠は六月二〇日付で三成が上杉家の執政《しっせい》直江兼続に宛てた手紙にあります。そこで三成は、家康が伏見を発ったので「かねてからの作戦が思い通りになり、天の与えた好機」と述べ、来月初めには佐和山を発つ覚悟を示しています。三成と兼続は永禄三年（一五六〇）年生まれで同い年。そういうこともあって気心の知れた二人が家康を葬り去るために仕組んだ作戦だったというのです。さらに、この話をもっともらしくする道具も登場しています。

有名な「直江状」です。上洛要請への返書として、家康に重用されていた僧西笑承兌《さいしょうじょうたい》に送った兼続の返書のことです。挑発的な内容であったことから家康の怒りを買い、追討軍発向《はっこう》に繋がったとされています。たとえば、その返書にはこんな一文があります。「景勝には逆心などまったくありません。しかし讒言《ざんげん》をする者を調べることなく、逆心があるといわれては是非もありません。まずは讒言をする者を調べるのが筋ではないですか。それをしないのなら、内府《ないふ》様（家康）に裏表があるといわざるをえません」。家康に喧嘩を売っているとしか思えません。

内容が挑発的であるがため、この直江状には真書説がある一方で、偽書説がささやかれていました。しかし事前に三成と兼続が連携していたという事前密約説（東西挟撃策）が事実でないなら、ここまで強気な内容の書状を送るはずがなく、偽書だといえるのではないでしょうか。

筆者も以前はこの事前密約説を支持していました。ところが、その根拠となっている三成の書状（前出）に当時使われていない用語が含まれ、偽文書の可能性が浮上してきたことから、いまでは、その説を捨てています。また挙兵後に三成が沼田（群馬県沼田市）の城主でもある真田昌幸へ宛てた手紙で、景勝への使者に真田家の誰かを付き添わせてほしいと依頼している点も引っかかりました。三成と昌幸は相婿《あいむこ》の関係があり、このころ頻繁に書状のやりとりをしています。桶狭間の項で紹介した昌幸宛の三成の手紙もそのひとつです。もしも三成と兼続とのパイプがあれば、相婿の関係があるとはいえ、わざわざ会津への付き添いを昌幸へ願い出るでしょうか。三成が上杉家との交渉ルートがなかったことを物語る傍証だと考えられます。

以上のことから、「直江状」と「事前密約説」は史実ではないと解釈しています。

三成と連携していたのは、例の訴訟問題の際にその名が登場した毛利でした。次にそのことを確認してみましょう。

三成の挙兵の動きが史料に現われるのは、家康が会津へ出陣して間もなくのころ。醍醐寺（京都市伏見区）の座主義演《ざすぎえん》の日記（『義演准后《じゅごう》日記』）からその風聞が広がっていることがわかります。じつはそのころ、家康の会津遠征に従軍するため近江まで軍を進めてきた大谷吉継《おおたによしつぐ》（越前敦賀城主＝福井県敦賀市）が佐和山城近くの中山道垂井《なかせんどうたるい》（岐阜県垂井町）宿で病気と称してとどまっていました。吉継が三成の居城佐和山でともに挙兵計画を練ったことを「佐和山謀議」と呼び、通説化しています。それはある程度まで事実だと考えられます。

まず挙兵の情報は大坂にも届いていました。奉行の増田長盛が七月一二日付で永井直勝《ながいなおかつ》（のちの下総国古河藩主＝茨城県古河市）にこんな書状を送っています。直勝は家康の家臣で会津遠征中でした。長盛は、「垂井において大刑少（大谷刑部少輔《ぎょうぶしょうゆう》の略）がこの二日間病気を患ってとどまっているとのことですが、石治少（石田治部《じぶ》少輔の略）が出陣（挙兵）するとの雑説がある折ですので追ってまたご連絡いたします」と述べています。つまり、三成と吉継両名の挙兵の動きを家康に知らせているわけです。

この時点では、まだ長盛は三成らの挙兵に与《くみ》していないことがわかります。他の奉公衆、前田玄以と長束正家も同じだったと考えられます。彼らはこの緊迫した事態を何とか丸くおさめようと「御袋様（淀殿＝秀吉の第二夫人で秀頼の生母）」に周旋を依頼している節があります。この時点では三成と温度差があったということでしょう。

そして長盛が会津遠征中の家康へ挙兵の動きを知らせたのと同じ一二日付で、その三人の奉行衆が毛利輝元へ「大坂の御仕置（三成と吉継の挙兵への対応）について御意を得たいので早々に（大坂まで）お上《のぼ》りいただきたい」という内容の書状を送っています。三奉行は家康にも同じく上坂《じょうはん》を求めたとされています。仮にそうだったとしても、それは実力者への配慮という形式的なものだったのでしょう。三奉行は家康より輝元の三成らへの影響力に期待し、かつ頼りにしていたはずです。

結果、輝元は三奉行の要請に応える形で一五日、六万の大軍（ただし諸説あり）を率いて海路、広島を発ち、一七日に大坂に入ったとみられます。上坂を求めた三奉行が輝元へ宛てた書状の日付が一二日ですから、その五日後に輝元は軍勢を伴って大坂に入っていたのです。手際がよすぎます。まるで呼ばれることがわかっていたかのような迅速な対応です。じつは、毛利の外交僧安国寺恵瓊も会津出陣のために近江まで進軍していたことが一次史料（『吉川家文書』）で確認され、このことから通説では例の「佐和山謀議」に恵瓊も参加していたことになっています。その可能性はあると思います。三奉行からの輝元宛ての手紙に「詳細は安国寺より伝えられることでしょう」と書いていることから、彼からも輝元へ大坂入りの要請があったのは間違いないと踏んでいます。輝元が恵瓊を通じ、三成・吉継の謀議に関与した形です。こうして輝元は三奉行からの上坂要請に待ってましたとばかりに広島を発ち、大坂城入りすると二の丸に居つづけ、西軍の総大将となるのです。

一般的には三成らに担ぎだされただけだといわれています。しかし、その通説は見直され、輝元はより積極的に火中の栗を拾いにいったといわれるようになりました。それは以上の経緯からもある程度まで裏付けられると思います。また関ヶ原で西軍が敗れた後、大坂城にいた輝元のもとへ、東軍に属した豊臣恩顧の福島正則・黒田長政の使者がやってきて「本領安堵は間違いないことなので西の丸を明け渡すよう」申し入れます。ところが輝元が西の丸を退いた後、彼が単純に三成らに担ぎあげられただけといえない証拠をつきつけられ、本領安堵どころか、長門・周防二国のいわゆる防長二州に封じこめられました。輝元がまんまと家康に一杯食わされたのだとよくいわれますが、家康にも輝元を疑うだけの根拠があったのです。

ともあれ輝元が大坂入りした一七日、三成のクーデターが成功します。みずから謹慎を解いた三成と吉継が三奉行を説得したとみられます。また輝元が大軍を率いて大坂入りしたことも、三奉行が三成らの挙兵計画の成功に期待を寄せる結果になったのでしょう。その日、三奉行名義で「内府ちがひ（違い）の条々」が発せられたのです。内府というのは家康のこと。すなわち家康への弾劾状です。一三条にわたり家康の非違を列挙した三奉行の連署状では「内府が太閤様（秀吉）の御置目《おきもく》（遺言）に背き、秀頼様を見捨てた」と非難しています。

家康が会津の上杉景勝に謀叛の罪を着せ、みずから豊臣恩顧の諸将を率いて追討に出陣したのも、その背景にはまだ「豊臣公儀」の威光があったからです。家康が人から「天下殿」と呼ばれ、事実上の天下人として振る舞っても法的な意味での公儀、すなわち天下の主は秀頼でした。ところが、この弾劾状には、家康が公儀たる秀頼を見捨てたとあるのですから、謀叛人となってしまいました。三成のクーデターと述べたのは以上の理由からです。

一方、家康に代わって秀頼のいる大坂城に入った毛利輝元が新たに政権を担う形になりました。秀吉の死後からここまでは「豊臣公儀」における「徳川政権」の時代でした。ここから先は「毛利政権」が発足したといえるでしょう。

確認はできませんが、おそらく「内府ちがひの条々」は豊臣政権下のすべての大名に向け、発せられたはずです。それでは家康自身、どこでこの弾劾の事実を知ったのでしょうか。確実に「どこで」とはいいきれませんが、有名な「小山評定」との関係で考えてみましょう。このところ、「小山評定はなかった」という新説がだされ、戦国時代の新たな焦点として注目されています（詳細はコラム参照）。いつ評定が開かれたかどうかも諸説あり、根強いのは七月二五日説です。評定のあった栃木県小山市のホームページにはこうあります。

《小山評定は、徳川家三百年の安泰の道筋をつけた重要な軍議で、一説によれば、慶長5年（1600）に、ここ小山の地で開かれたといわれています。

徳川家康は7月24日、上杉景勝を討伐するために会津（福島県）に向かっていた途上、下野国小山に本陣を置きました。その時、石田三成挙兵の報が入り、翌25日、急遽家康は本陣に諸将を招集して軍議を開き、「このまま上杉を討つべきか、反転西上して石田を討つべきか」を質したのです。これが世にいう「小山評定」です》。

このとき秀吉の小姓出身で豊臣恩顧諸将の代表ともいえる福島正則が率先して発言し、自分たちは家康に味方して三成と戦う存念だと述べ、ドラマなどでのハイライトのひとつになっています。ここでの問題は、このとき家康はむろん、豊臣恩顧の諸将が「内府ちがひの条々」の一件を知り、家康が「豊臣公儀」の謀反人扱いになったと自覚していたかどうかです。その家康が率いる軍勢にこのまま従えば、「賊軍」の烙印《らくいん》を押されます。誰もが躊躇《ちゅうちょ》したと思われます。

小山評定が通説どおり、七月二五日にあったとしましょう。すると、その二日後、家康の重臣榊原康政が秋田実季《あきたさねすえ》（のちの常陸宍戸藩主＝茨城県笠間市）に宛てた手紙では、まだ三成と吉継が挙兵した事実しか伝えられていません。二五日の時点で家康や豊臣恩顧の諸将らは「内府ちがひの条々」が発せられた事実を知らず、ただ三成と吉継が挙兵したという事実だけを耳にしていたのです。その後、秋田と同じく米沢（山形県米沢市）の伊達《だて》や山形（山形県山形市）の最上《もがみ》ら東北諸将に宛てた家康の書状に「上方奉行衆一同」とあるとおり、上方の奉行衆全員を敵に回したことを伝えています。まず三成・吉継の挙兵があって、その後、彼らに説得される形で三奉行が加わり、家康の弾劾という順に事態は家康にとって悪いほうへ悪いほうへと進展していったのです。

家康が三成の挙兵に対するため、豊臣恩顧の諸将を小山から西へUターンさせ、もどった江戸で九月一日まで動かなかったのは、上杉への備えを万全にしておく目的のほか、「豊臣公儀」から「賊」の扱いを受けたことで揺らいだ自陣営の締め付けと同盟強化を図っていたためとみられます。

こうして賊軍となった徳川方（東軍）と「豊臣公儀」を背景とした毛利方（西軍）という対立構造ができあがり、九月一五日に決戦がおこなわれるわけです。いわば「賊」となった東軍諸将は何を考えていたのでしょうか。いまさら毛利派に寝返っても鼻持ちならない三成がその中心にいる限り、彼の下風に立たざるをえず、悩ましいところだったのでしょう。しかし秀吉の恩顧に与《あずか》った諸将にしてみたら、「秀頼様を見捨てた」と弾劾された家康に与することは恩を仇で返すことになります。ただし、それは秀頼が秀吉の実子であったらの話です。

少し横道にそれますが、筆者は秀頼が秀吉の実子であったかどうか疑問に思っています。父親が誰かはわかりません。ただ、この前年の慶長四年の時点で淀殿と豊臣家の家老大野治長《おおのはるなが》との密通が露見した話が伝わっています（『萩藩閥閲録《はぎはんばつえつろく》』）。だからといって大野が秀頼の実子だと考えているわけではありません。当時から淀殿の密通の話が半ば公然とささやかれていたくらいですから、秀頼が秀吉の実子ではないという噂があったとしても不思議ではないと考えているだけです。豊臣恩顧の諸将は、秀吉を中心とする「公儀」には忠誠を誓ってきましたが、その正当な後継者かどうかわからない秀頼の公儀は「エセ」だとみていた――いや、そう思いこもうとしたのではないでしょうか（詳細は拙著『秀吉ではなく家康を「天下人」にした黒田官兵衛』

参照)。

ともあれ、こうして両派の抗争は美濃での武力衝突を招きます。

美濃には中山道(地図⑥のⒶ)や北国《ほっこく》脇往還《おうかん》(Ⓑ)や伊勢街道(Ⓒ)と、わが国を東西もしくは南北に貫く大動脈が通り、それらの大動脈が関ヶ原で交差していました。つまり、関ヶ原とその周辺は全国で屈指の交通の要衝だったのです。そこで西軍はその要衝にある大垣城(岐阜県大垣市)を守り、籠城戦が苦手な家康をおびきよせて叩き潰そうとしました。しかし九月一四日、家康が東軍諸将より数日遅れて中山道赤坂宿《あかさか》(前同)に着陣すると、当初の作戦を捨て、三成らの西軍諸将は夜陰に乗じて城をでて、関ヶ原に布陣したのが通説です。なぜなのでしょうか。

それは、西軍が東軍より有利な陣形を敷くためだというのが通説の答えです。一般的に紹介される両軍の布陣図をみると、たしかに西軍は鶴が大きく翼を広げた陣形をとり(鶴翼《かくよく》の陣)をとり、東軍はその広げた翼の真っ只中に突っこんで布陣しています。これだと、西軍が両翼を閉じて東軍の動きを封じこめたら、東軍は殲滅《せんめつ》されてしまいます。明治維新後、陸軍大学校の教官として来日していたドイツ陸軍のメッケル少佐がこの布陣図をみて、ただちに「西軍が勝った」と述べた話は有名です。しかし鶴翼の片方の翼の位置(南宮山《なんぐうさん》)に布陣した毛利勢が家康の調略にあい、兵を動かさなかったことが東軍勝利の一因になったともいわれます。毛利家の分家にあたる吉川広家のところに家康の重臣井伊《いい》直政《なおまさ》と本多《ほんだ》忠勝《ただかつ》（いずれも徳川四天王）が血判状をもたらし、「合戦で徳川への忠節をみせてくれたら毛利の本領は安堵する」と伝え、広家がこの話に乗ったとされているのです（広家は大坂城の輝元に無断で調略に応じたとされる＝この事実関係が現在の争点のひとつ）。

　ところが現在用いられている関ヶ原の布陣図は、例の大日本帝国陸軍参謀本部編の『日本戦史』を踏襲したもので、一次史料に対応してつくられたわ

地図⑥　関ヶ原の合戦の布陣図

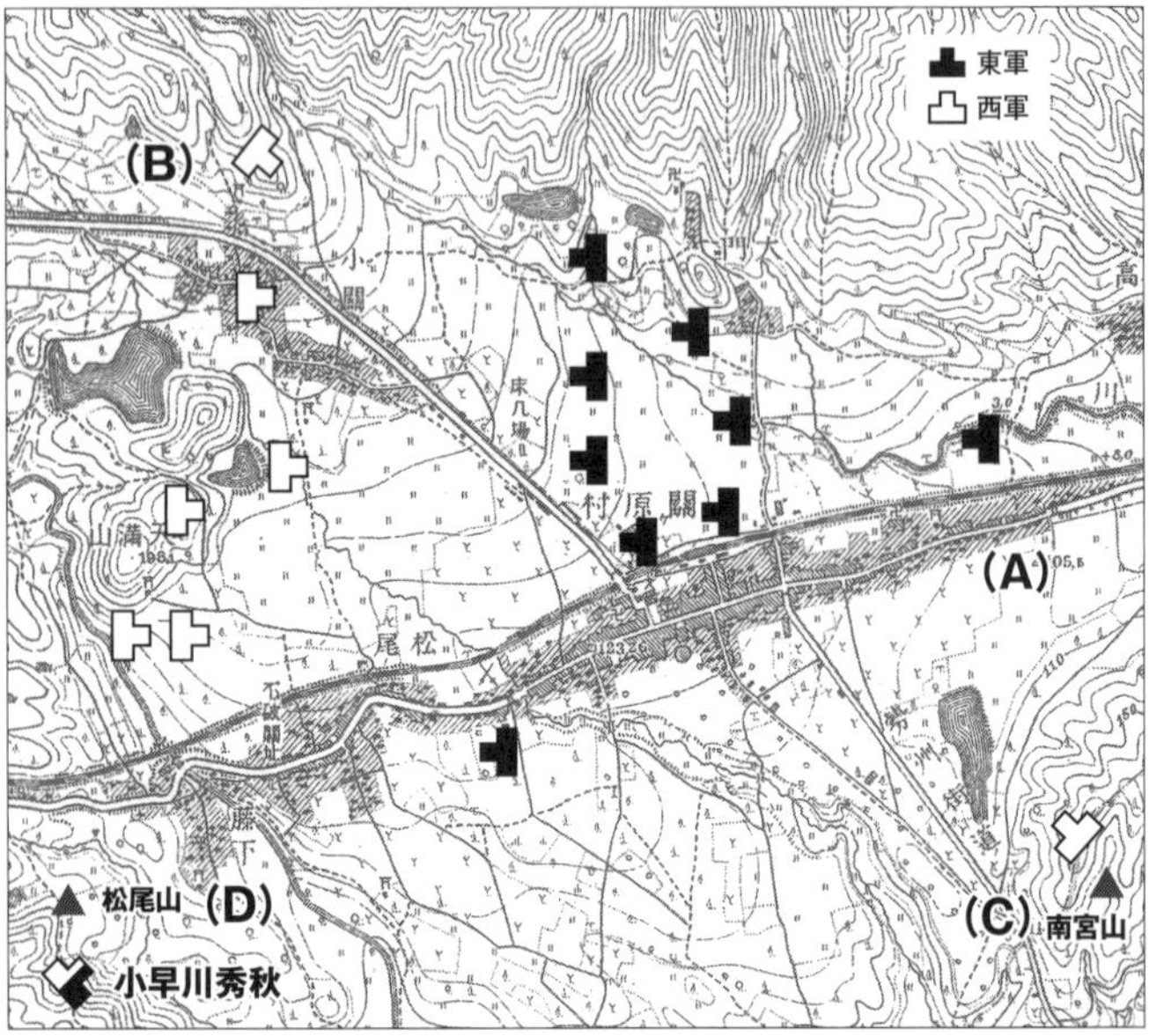

けではありません。たとえば三成が陣したとされる笹尾山《ささおやま》には現在、観光用に石田家の幟《のぼり》が翻っていますが、歴史研究者の乃至《ないし》政彦氏（『戦国の陣形』）らによって、その笹尾山布陣が否定されています。さらに白峰氏は島津家家臣の史料にもとづき、三成ら西軍主力メンバーは鶴翼の陣どころか、逆に密集して布陣していたと論じています（『関ヶ原の戦いにおける石田三成方軍勢の布陣位置についての新解釈』）。以上、こうして西軍が有利な陣形を敷くために大垣城をでた前提が成り立たなくなっているのです。

そこで「問鉄砲」の話が問題になってきます。

関ヶ原のはずれ、山中村にある松尾山《まつお》（地図⑥のⒹ参照）に布陣した小早川秀秋（筑前国名島《なじま》城主＝福岡県福岡市）は開戦前に東軍への寝返りを決していたものの、なかなか陣から動こうとしなかったため、家康が焦《じ》れて松尾山へ一斉射撃します。すると秀秋はこの恫喝に怯え、麓の西軍陣地へ討ちかかった——この有名な逸話を「問鉄砲」と呼んでいます。寝返りを決めてもなかなか踏ん切りがつかない優柔不断な武将。この逸話から、そういう秀秋像も生まれました。しかし一次史料でこの逸話も確認できず、白峰氏（『新解釈関ヶ原合戦の真実』）や高橋陽介氏（『一次史料にみる関ヶ原の戦い　改訂版』）らによって、いまでは史実かどうか疑われています。

また秀秋が開戦と同時に寝返り、東軍として戦ったことをうかがわせる史料もあります。イエズス会の宣教師が本国へ送った『一六〇〇年度日本年報補遺』です。そこに「始まったと思う間もなく、これまで奉行たちの味方と考えられていた何人かが内府様の軍勢へ移っていった。彼らの中には、太閤様の奥方の甥であり、太閤様から筑前国をもらっていた中納言《ちゅうなごん》がいた」とあります。途中で寝返ったのだとしたら、こういう表現にはならないのではないでしょうか。

秀秋は毛利の分家にあたる小早川家の養子になっていますが、北政所《きたのまんどころ》（秀吉の正室おね）の甥にあたります。ここでいう中納言が彼のことです。イエズス会の報告書は宗教に絡む事項を除き、客観的に当時の政情をみているケースが多く、この記述も信じていいと思います。秀秋は家康の恫喝に屈したわけではなく、合戦当日、当初から東軍として戦うつもりだったのです。

どうしてなのでしょうか。

八月二八日に、東軍の先陣として美濃へ進軍していた浅野幸長と黒田長政から書状が秀秋へ届けられました。ただの書状ではありません。小切紙《こきりがみ》という形態の密書でした。要旨は「二、三日したら内府公が美濃に入るので御忠節することが重要」「われら両人は北政所様のために動いているのでこのような書状を送った」という内容です。浅野幸長は彼女の甥。黒田長政も幼少のころに織田信長の人質となって信長の武将だった秀吉に身柄を預けられ、北政所に養育されました。だから幸長と長政が「北政所様のために動く」のはよくわかります。家康が北政所の縁つながりで東軍方の幸長と長政に秀秋を調略させたわけです。しかし北政所が家康を支持していたかどうかいまひとつはっきりせず、彼らの動きが本当に北政所のためであったかどうかは不明です。

とはいえ、彼らが彼女の名前をだしたことが功を奏したようです。合戦の前日の一四日、家康の重臣本多忠勝と井伊直政の両名から小早川家の家老二名に宛て起請文が差し出されているところからみると、秀秋は幸長と長政の要請に応じたのでしょう。起請文には「内府は秀秋をおろそかにしない」「忠節をみせてくれたら秀秋に西国で二ヶ国の知行宛行状《あてがいじょう》を与えよう」などと記載されていました。

一方の三成は、大垣城はもとより松尾山にも新たな城を築き、家康に苦手な城攻めを強いる作戦だったようです。偽文書説がささやかれていますが、「松尾新城」という言葉が登場する史料もあります。三成は伊藤盛正《もりまさ》（大垣城主）を松尾山の守備につかせていたものの、秀秋はその伊藤勢を追い払って松尾山に着陣したといいます。だとしたら、その時点で西軍は作戦を見直さざるをえなくなります。

つまり三成らは有利な陣形を敷くために大垣城をでたのではなく、裏切りが確実になった小早川を討つために夜陰に乗じて城をでて松尾山を望む山中村に布陣した——山中村が主戦場だったという解釈が成り立つわけです（高橋氏らの前掲論文参照）。実際に吉川広家は合戦直後の自筆の書状（案文）などで「筑中（秀秋）の御逆意によって大柿（垣）衆（西軍）は山中に赴いた」とし、関ヶ原の合戦ではなく、「山中之合戦」と呼んでいます。

こう考えると、「関ヶ原の合戦がなかった」のかもしれません。

たしかに面白い視点だと思います。ただし、それを実証するには、江戸時代に書かれた関ヶ原合戦の布陣図との整合性のほか、これを学説とするための課題が多すぎます。また歴史学者の笠谷和比古氏は書状にでてくる「山中」について、「山中村」という地名ではなく、あくまで「山中」という一般名詞だとしています。平野がひらけた大垣方面から西へ向かうと次第に山が迫り、「山中の地」という印象を抱きやすくなり、土地勘のない広家が後に関ヶ原と呼ばれるようになる土地を「山中」と呼んだにすぎないというのです。

したがって確実に「関ヶ原の合戦はなかった」とはいえません。

それでは、関ヶ原の合戦が天下分け目だったか否かについてはどうでしょうか。ヒントは、合戦後に家康がおこなった論功行賞にあります。多くの豊臣恩顧の東軍諸大名がその恩賞に与かりました。ただし笠谷氏はその論功行賞に際し、家康の朱印状などの領地宛行状が発給されていなかったというのです。その著書（『関ヶ原合戦と大坂の陣』）によると、肥後熊本へ領地替えとなった細川忠利《ただとし》が父へ問い合わせた際、その父忠興から「権現様（家康）より豊前一国と豊後の内を拝領した際、宛行状のようなものはいただいておらず、これはわれらに限った話ではない」（『細川家史料』）という返答があったことを根拠にしています。宛行状をだすには差出人の名と朱印などが必要になります。家康が実際に重臣とともに諸将の配置換えを断行したのは事実です。それを正式な証明書とするには秀頼の署名捺印がなくてはならず、いわば家康は非公認のうちに論功行賞を行ったことになります。

つまり関ヶ原の合戦をへても、家康はあくまで「豊臣公儀」における構成メンバーにすぎず、その意味でいうと、天下の主はいまだ秀頼であって、天下分け目の合戦とはならなかったことになります。

しかし諸将に対する恩賞や配置換えを断行したのは家康ですから、彼こそが事実上の天下の主だったといえます。もしも家康が関ヶ原で敗れていたら、毛利がその地位にとって代わっていたかもしれません。関ヶ原は「豊臣公儀」内での覇権争いに勝利した意味で、やはり「天下分け目」だったといえます。

※浅野長政＝秀吉とは相婿の関係で五奉行の一人となった。しかし、他の四奉行とは別の道を歩み、隠

居したが、関ヶ原の合戦では東軍方として参加した。

《主な参考文献》白峰旬著『新視点　関ヶ原合戦』（平凡社）、同著『新解釈関ヶ原合戦の真実』（宮帯出版社）、同著「関ヶ原の戦いにおける石田三成方軍勢の布陣位置についての新解釈」（『史学論叢』四六号）、笠谷和比古著『関ヶ原合戦と大坂の陣』（吉川弘文館）、渡邊大門『関ヶ原合戦は「作り話」だったのか』（PHP新書）、高橋陽介著『一次史料にみる関ヶ原の戦い　改訂版』（ブイツーソリューション）、乃至政彦著『戦国の陣形』（講談社現代新書）、藤井譲治著『徳川家康』（人物叢書、吉川弘文館）、拙著『秀吉でなく家康を「天下人」にした黒田官兵衛』（双葉新書）

コラム 「小山評定」は本当にあったのか

徳川家康は慶長五年（一六〇〇）七月、諸将を率い、謀叛の疑いのある会津の上杉景勝を討つべく行軍していました。江戸幕府の公式記録『徳川実紀』（以下『実紀』）によると、二四日、家康はかつて源頼朝が陣をかまえた先例にならい、下野国小山（栃木県小山市）へ陣を進めました。そこへ上方で石田三成らが挙兵したという知らせが届き、家康は翌二五日、評定（会議）を開きます。小山評定です。このとき家康が率いていたのは亡き豊臣秀吉子飼いの諸将ばかりです。しかも彼らの妻子は大坂にいたので、三成らの人質になるのは必至でした。

そこで、まず家康重臣の井伊直政と本多忠勝が「速やかにこの陣を引き払い、大坂へもどり、諸将が三成らに一味してもわれらは恨みますまい」と発言します。ただし一語も発する者もいませんでした。そのとき秀吉の小姓出身の福島正則が進みでて「妻子にひかれ、武士の道を踏み違《たが》えてはならん。内府（家康）のため、それがしは身命をなげうってお味方つかまつる」といったのです。この一言で評定の空気は一転。こうして諸将は妻子を捨て、家康に忠誠を誓った――と『実紀』は語っています。

以上は、名場面として歴史ドラマなどで繰り返し語られてきました。諸将の家康への信頼の高さを示す逸話でもあります。

また『実紀』と同じ江戸時代の編纂物である『黒田家譜』によると、このとき「まず上方（三成）をご征伐なさるべき」と発言したのは黒田長政（のちの初代福岡藩主）だったといいます。

ところが白峰旬氏が二〇一二年に、以上は家康を神話化するために江戸時代に捏造された架空の話（いわゆる「徳川史観」）だとして、「小山評定はなかった」という新説を発表し、その後、本多隆成《たかしげ》氏らが反対の論陣を張り、小山評定は「なかった」のか、それとも「あった」のか――をめぐり、この一〇年論戦がつづいているのです。果たしてどちらが正解なのでしょうか。

小山評定は『実紀』や『黒田家譜』などの編纂物、さらには『関原軍《せきがはらぐん》記大成《きたいせい》』などの軍記物に記載されているものの、武将たちの手紙といった一次史料によって確実に小山で評定があったことが確認できないために論争となったのです。

論点は多岐に及び、それこそ、それらを整理するだけで一冊の本が書けそうです。よってここでは〝さわり〟しか述べられないことをあらためてお断りしておきます。

まず、問題をややこしくしているのが七月一九日付で家康が福島正則に宛てた手紙だといえます。そこで家康は「御出陣御苦労」といっているのです。それは正則が当時の居城清洲城（愛知県清須市）を出陣し、会津へ進軍している苦労へのねぎらいの言葉です。そこまでは問題ありません。重要なのは「人数（軍勢）之儀者被上」というくだりです。意訳すると「軍勢を上洛されたし」という文意になります。その理由も書状に書かれています。理由は「上方雑《ぞう》説《せつ》」でした。つまり上方で挙兵の雑説（三成らの挙兵）があり、会津へ進軍しているところ申し訳ないが、西へ軍勢を転じてもらえないかと、家康が正則に依頼しているわけです。まだ正則は家康に臣従したわけではないので命令ではなく、依頼という表現が適していると思います。さらに、その手紙には「（正則）ご自身はここまでお越し下さい」とあります。まず、「ここ」がどこなのかが問題となります。家康が江戸を発って会津へ出陣するのが七月二一日ですから、一九日時点での「ここ」は江戸となるでしょう。

だとすると、正則がどこで手紙を受け取ったかはさておき、一九日に家康から依頼されて軍勢を西上《さいじょう》（上洛）させ、自身は今後の方針を家康と相談するため江戸へ向かい、その後軍勢を追ったと解釈できるのです。したがって彼が二五日に小山にいるはずがなく、主役を欠いた評定そのものの存在が危うくなります。さらに、このように手紙のやりとりで家康がターゲットを会津から上方へ切り替えたことを諸将に示しているのなら、あえて諸将合同の評議の場は必要ないという話にもなります。たしかに家康を讃えるための舞台として小山評定が捏造されたとみなされるわけです。もちろん正則が家康とともに二一日に江戸を発ち、同道して小山へ向かった可能性はあります。それでも正則が自分の軍勢をほったらかしにするとは考えにくく、江戸から西上する軍勢の後を追ったとみるのが自然です。やはり、正則は小山にはいなかったことになります。

ところが、この手紙の原本は写ししか現存していません。しかも、その写しが計三通あって、これまで述べてきたのはその一通。問題は、もう一通の日付が七月二四日で、内容も「人数（軍勢）之儀者被止」と、さきほどの一通とは最後の一文字がちがっています。日付が一九日から二四日へ、内容の一部の文字が「上」から「止」へと変わっているのです。前者と後者のどちらかが写し間違いか、改竄《かいざん》されたのでしょう。

この日付（一九日と二四日か）と内容の一部（「上」あるいは「止」）のちがいを合わせて考えると、手紙の文意はまるで異なってしまうのです。

通説では家康は二四日に小山に着陣しているため、後者の二四日付なら「ご自身はここまでお越し下さい」という際の「ここ」は小山となり、内容も家康が正則に「軍勢の進軍を止められよ」と依頼したと解釈できるのです。つまり家康より早く会津へ進軍していた正則の進軍をいったん止めさせ、上方での挙兵の「雑説」が聞こえてきたため、家康が彼を小山へ呼びもどしたことになります。そうだとしたら、通説のとおり正則は小山評定で主役の役目を十分に果たすことができるのです。

つづいて注目すべきは、七月二九日付で家康が黒田長政に宛てた手紙です。長政も前述したとおり、評定の主役の一人です。手紙の日付は小山評定の四日後。長政はすでに西へむかって進軍中でしたが、その彼へ家康は次のような内容の手紙を送っています。

「大坂奉行衆が別心《べっしん》（挙兵）したという知らせを受けました。重ねて相談したいと思うのですが、（長政が）上洛中なのでそういうわけにもいかず、委細は羽三左（池田輝政）へ申し渡しておいたのでよく相談してください」

家康は三成の挙兵に、大坂の他の奉行衆（長束正家・増田長盛・前田玄以）まで加わった事実を知り、その対策について長政と相談したい旨を告げているのです。この奉行衆の別心は家康にとって重大な意味があることは既述のとおりです。ここでのポイントは、家康が「重ねて相談したい」という表現を使っていることです。以前にも挙兵問題で相談したことがある前提で述べています。つまり、この二九日以前にどこかで諸将合同の評定があったことを前提にした内容だと考えられます。

以上、ほんの〝さわり〟だけ述べました。ただ、多岐にわたる争点を確認しても「小山評定がなかった」とまではいいきれず、筆者としては「小山評定はあった」という印象を抱くに至っています。

ただし、「小山評定はあった」としても歴史ドラマで描かれるドラマティックな展開だったかどうかははなはだ疑問です。

《主な参考文献》白峰旬著「フィクションとしての小山評定」（『別府大学大学院紀要』一四号）、本多隆成「「小山評定」と福島正則の動静」（『織豊期研究』一三号）、笠谷和比古著『徳川家康』（ミネルヴァ書房）

其の四

家康は陰謀好きの〝狸おやじ〟にあらず　大坂の役は徳川家との「二元政治」解消のために豊臣家が仕掛けた〝喧嘩〟だった

関ヶ原の合戦に勝ち、そこから大坂の役《えき》（夏の陣・冬の陣）まで、家康は陰謀好きの〝狸おやじ〟と化し、豊臣家を滅亡に追いこんだ――それが家康の一般的なイメージではないでしょうか。家康が豊臣家の滅亡を望まなかったといえば嘘になりますが、最近の研究でこれまでとは異なる姿が提起されています。

前項でみたとおり、関ヶ原の合戦で勝利した家康がみずから論功行賞をおこない、天下人として振る舞っても、「豊臣公儀」という枠から逸脱することはできませんでした。あくまで天下の主は秀頼だったのです。そのことは諸大名が正月にまず大坂城の秀頼のもとへ伺候してから、伏見の家康へ年始の挨拶に訪れていた事実からうかがわれます。

ところが慶長八年（一六〇三）に家康が征夷大将軍となり、その二年後の慶長一〇年（一六〇五）四月、家康が三男の秀忠にその職を譲って大御所になるに及び、風向きが変わりはじめます。まず家康が将軍になった際、淀殿が「話がちがうではありませんか」といって激怒するドラマの一シーンを思い出します。彼女にしたら、家康が天下人のごとく振る舞っているのを容認しているのはあくまで、秀頼が成人した暁には政権が移譲されると考えていたからです。しかも家康は、すぐさま将軍職を秀忠に譲って世襲体制を整えました。「豊臣関白家」の地位を「徳川将軍家」が奪ったとしか考えられません。淀殿がそう考えたという設定です。しかし、だからといって「豊臣公儀」がすぐさま消去されてしまったわけではありません。

前述の笠谷和比古氏によって「二重公儀体制」の概念が提起されたからです。同氏は著書でその体制について「将軍制度を基軸として天下支配を行おうとする徳川公儀と、将来における関白任官を視野に入れながら、そのような関白制度を基軸として将軍と対等の立場において政治的支配を行う潜在的な可能性をもった豊臣の公儀の体制との併存」だというのです（『関ヶ原合戦と大坂の陣』）。

関ヶ原の合戦が終わってすぐ九条兼孝《かねたか》が関白に任官し、これをもって天正一三年（一五八五）以来の「豊臣関白家」の終焉を意味するものと解釈されます。この一件を家康が裏で後押ししていたともいわれています。しかし、これで秀頼の将来の関白就任が断たれたわけではありません。事実、家康が将軍についたころ、同時に秀頼が関白になるであろうという風聞のあったことが『義演准后日記』などの一次史料で確認されるからです。

笠谷氏がこの時代を「二重公儀体制」とする理由はいくつかあります。「徳川幕府の直臣である旗本の知行地が全国に散在分布していたのと同様に、豊臣秀頼の家臣団たちの知行地もまた摂河泉三国（筆者注・秀頼の直轄領）を超えて西国諸国に分布していた」「徳川幕府は諸大名に対して、江戸城・駿府城・伏見城以下の普請の課役を大名軍役に準じる形で賦課したが、豊臣秀頼に対して、そのような形で賦課することは見られなかった」（いずれも『関ヶ原合戦と大坂の陣』）などです。

そして、この「二重公儀体制」のもと慶長一六年（一六一一）三月二八日、家康は京の二条城で秀頼と会見しました。史上名高い「二条城の会見」です。秀頼は一九歳。六九歳の年齢に達していた家康が立派に成人した秀頼に警戒心を抱き、大坂の役で豊臣家を滅ぼす動機になったと通説は伝えてきました。また、この会見は、家康が秀頼を引見し、臣従させるための舞台装置であったともいわれています。かつて家康が大坂城で豊臣秀吉に臣下の礼をとり、徳川家が豊臣政権下の一大名になった逆のパターンが二条城でおこなわれたというのです。だとすると、このとき「二重公儀体制」は解消されたことになります。本当に二条城で秀頼は家康に臣従したのでしょうか。

その年、後水尾《ごみずのお》天皇の即位の礼出席の名目で家康が当時、居住していた駿府（静岡市）から四年ぶりに上洛することになり、同時に秀頼にも上洛と面会を求めました。家康は、加藤清正・浅野幸長ら豊臣恩顧の諸大名に秀頼を説得させ、会見は二条城でおこなわれる運びとなりました。三月二七日に京へ向かうべく大坂城を発った秀頼は淀（京都市伏見区）で一泊。翌朝、出立《しゅったつ》した秀頼は鳥羽（京都市南区）で家康九男の義直《よしなお》（初代尾張藩主）と一〇男頼宣《よりのぶ》（初代紀伊藩主）の出迎えを受けます。このとき清正・幸長の両名が秀頼の乗り物の両脇をしっかり固めていたといいます。徳川方がこれを機に、秀頼の身柄を拘束するのではないかという噂があったからです。二条城で秀頼が家康と対面した際も、両名はなおも秀頼の脇を離れず、とくに清正はいったん事が起きたら、家康と刺し違える覚悟であったと伝わっています。なお会見には、秀吉の正室北政所（高台院《こうだいいん》）も同席していたとする史料があります。このように豊臣方では、この会見に細心の注意を払っていることがわかります。

問題は対面の仕方です。二人の所作や座の配置などの礼法によって、秀頼が家康に臣従するための会見であったか否かがわかるからです。『当代記』にはその際の礼法などが詳細に記されています。『当代記』をめぐる史料批判があるのは承知しています。しかし詳細すぎて、さすがに捏造するスキはないだろうという前提で読んでいきましょう。まず家康が秀頼を庭上《ていじょう》（庭先）まで出迎え、これに秀頼も慇懃《いんぎん》に出迎えの礼をとりました。いったん家康は奥へと引っこみ、秀頼は二条城の「御成《おなり》の間」へ案内されます。そこへ、ふたたび家康が現われます。そして家康は秀頼に「互いの御礼あるべき」といいます。互いの御礼というのは、双方が互いに敬意を払いあうことを意味します。つまり家康は対等な立場での会見を望んだことになります。ところが秀頼がかたく斟酌《しんしゃく》した結果、「家康公を御成の間へお出しして、秀頼公が礼を遂げられた」と『当代記』は結んでいます。秀頼が対等な立場での会見を断り、家康を上座に誘い、自らは下座に座って家康に拝礼したのです。

たしかに上座の家康と下座の秀頼が対面し、秀頼が家康へ頭を下げているのは事実です。これをもって臣従の礼、つまり臣下の礼をとったといわれています。しかし官位は、秀頼より家康が上。しかも家康は秀頼の妻（千姫《せんひめ》）の祖父にあたります。秀頼が下座に座したのは、それがごく一般的な礼法であったからです。それより何より家康自身、互いの御礼（これを「両敬《りょうけい》」という）を提案していました。したがって、この対面をもって、豊臣家が家康に臣従したとはいえません。むしろ世間では、これで大坂方（豊臣方）と徳川方（幕府方）との融和が実現すると期待しました。このころ両者の関係がぎすぎすしだしていたのは事実です。

会見のあと、秀頼が秀吉を祀った豊国《ほうこく》神社などを参拝し、いったん伏見にある清正の屋敷に落ち着いた後、船で無事大坂へ帰ったという話を聞いて、醍醐寺の僧義演が安堵の気持ちを日記につづっています。ところが、この会見のあと、東西の緊張はにわかに高まるのです。なぜなのでしょうか。むろん家康が成長した秀頼に警戒心を抱いたわけではありません。家康は秀頼よりむしろ、秀頼に忠誠を尽くした清正ら豊臣恩顧の大名を恐れたのでしょう。

もともと家康が「二重公儀体制」を認めていたのは、彼らの存在を無視できないと考えていたからだと考えています。関ヶ原の際には毛利輝元や石田三成という対抗勢力があったから、彼らは家康派になったのです。しかし、その家康が関ヶ原の勝利によってただちに「豊臣公儀」を否定しだしたら黙っていなかったでしょう。家康は機が熟すのをじっと待っていたのです。

家康はまず清正らに秀頼の説得を命じ、彼らはその期待によく応えました。同時に家康は、豊臣恩顧の諸大名がどれだけ秀頼に忠義心を示すのかを確認したかったのでしょう。家康の真意がわかっていた福島正則（家康の娘婿）は病気と称し、秀頼に供奉《ぐぶ》しませんでした。結果、とくに清正と幸長の忠誠ぶりは、家康の予想をはるかに越えたものとなったのでしょう。家康はその忠義を「誠の義士なり」（『浅野考譜』）といって賞賛したことになっていますが、腹の中では別の思いが渦巻いていたはずです。

そして会見が終わった直後の六月に清正が死去し、つづいて慶長十八年（一六一三）に幸長と池田輝政《てるまさ》が相次いで死去しました。輝政も二条城の会見の際、秀頼に供奉している豊臣恩顧の大名です。世間も当然、これが偶然ではないと考えたようです。江戸中期に刊行された『摂《せっ》戦実録《せんじつろく》』には、家康の人質時代からの忠臣平岩親吉《ひらいわちかよし》が三人に毒をもったと書かれていますが、事実か否かは確認できません。もしかすると、本当に偶然だったのかもしれません。現代でも相次いで同時代の政治家の訃報《ふほう》に接することはあります。

いずれにせよ、豊臣恩顧の宿老格といえる三人の死後、東西の緊張が高まっていくのです。墓穴を掘ったのは大坂方（豊臣方）でした。まず淀殿が、いつになっても秀頼が関白にならないことに苛立っていたことがあるでしょう。しかし家康はこのころ朝廷の人事権を握っていたので、いくら待っても関白補任の朗報はやってきません。大坂方が焦燥を強めるなか、とんだ失策をしでかしました。

方広寺銘鐘事件《ほうこうじめいしょう》です。通説では、豊臣秀頼が建立した方広寺の釣り鐘の銘文に「国家安康《こっかあんこう》」「君臣豊楽《くんしんほうらく》」とあるのを知った家康が「徳川家を呪詛するもの」といいがかりをつけ、秀頼が居城する大坂城攻めの口実としたとしています。こうして家康は陰謀好きな〝狸おやじ〟の烙印を押されるのです。事実関係を整理してみよう。

方広寺（京都市東山区）の大仏は、秀吉によって建立されました。慶長大地震（一五九六年）で倒壊し、秀頼の時代に大仏殿も焼失しましたから、大仏と大仏殿の再建は豊臣家の悲願でありました。豊臣家は南禅寺の僧文英清韓《ぶんえいせいかん》に、その銘文を選定させ、慶長一九年（一六一四）四月には梵鐘《ぼんしょう》も完成します。「国家安康」「君臣豊楽」を含む、問題の銘文です。やがて大仏開眼《かいげん》供養を八月三日、堂供養を八月一三日におこなうことも決まり、その準備が進められていた七月二一日、家康側からクレームが入ります。一説によると、大仏殿造営に関係した大工の棟梁中井大和守《なかいやまとのかみ》が銘文の問題に気づいて梵鐘の銘文を家康に送ら

国家安康の銘鐘

せ、家康はその内容に問題があるとして、開眼供養の延期を大坂方（豊臣方）へ通告したといわれます。寝耳に水の大坂方は困惑し、八月一三日、重臣の片桐且元《かつもと》と清韓を駿府にいる家康のもとへ遣わしました。こうして清韓と家康のブレーンで儒学者の林羅山《はやしらざん》との間でこんな応酬がありました。

羅山が「無断で家康公の諱《いみな》を使う行為そのものが無礼不法の至りである。それに加えて国家安康とは何事か。諱の家と康の字を分断している」とクレームを申したてると、清韓は「（家康公の）名乗りの字を〝かくし題〟として、四海太平が長久につづくようにとの思いから国家安康の文字を使った。連歌などで使う縁語《えんご》の技法を用いたにすぎぬ」と反論しました。つまり「国家安康」としたのは、和歌の修飾技法によるもの。家康の諱の二文字を〝かくし題〟としたにすぎず、いわゆる〝遊び〟でやったことで他意はないといっているのです。「君臣豊楽」についても羅山が「君臣豊楽とは、豊臣家を君主として子孫の殷昌《いんしょう》なるを楽しむと読める。これは（徳川家を）呪詛する下心を隠して、秀頼の現世の繁栄を願うものではないか」と主張するのに対して、清韓は「これも（豊臣の）かくし題にすぎない」といい逃れしました。

ともあれ清韓は「家康」と「豊臣」の文字を意図して用い、とくに問題とされている家康の二文字の分断についても意図した事実を認めているのです。これで方広寺銘鐘事件が、徳川方の一方的ないいがかりによって豊臣家を滅亡に追いこむための捏造でなかったことだけはわかります。問題は、羅山が指摘したとおり銘文が「無礼不法」にあたるかどうかです。そこで家康は京都の禅僧に見解を求めました。主な僧の回答をみると、「天下名物の鐘銘にうかつにもこのような文字を刻むとは無礼であり、古来聞いたことがない」（東福寺）、「相公《しょうこう》（宰相の意味＝家康のこと）の諱を二字まで使う例は古今になく、その二文字を分断するとは前代未聞」（南禅寺）などとなっています。こうして時の識者《しきしゃ》たちは、「方広寺銘文は無礼にあたる」と結論づけたのです。

ここで問題となるのは、清韓が選定した銘文をみて豊臣家の人たちはどう思ったかです。銘文に刻まれているのは、分断された「家康」の文字。彼らが、当時不思議な力があると信じられていた鐘の力に期待しなかったかといえば嘘になるでしょう。いわば豊臣家は前述したような焦りから、問題を承知の上で確信犯的に「国家安康」「君臣豊楽」の銘文を採用したのではないでしょうか。だとすると、これほどの大事件になると思わなかった豊臣家首脳の甘さが露呈したといえます。

家康はこの失策を見逃しませんでした。豊臣方は片桐且元を弁明の使者として遣わしますが、家康は駿府入りした且元に会わず、京都所司代の板倉勝重《いたくらかつしげ》を通じて且元に徳川方の強硬な姿勢を示しました。慌てた且元が豊臣家内部で画策したものの、逆に家康への内通を疑われ、改易の上、大坂城から追放されます。この時点で東西の交渉は打ち切り、つまり手切れとなり、大坂冬の陣の火蓋が切って落とされるのです。

大坂方はむろん、豊臣恩顧の諸大名へ助勢を呼びかけました。笠谷氏の著書からその主な大名を抜粋すると、浅野長晟《ながあきら》（浅野長政の次男）・池田利隆《としたか》（池田輝政の長男）・池田忠雄《ただかつ》（輝政の三男で母は家康の娘督姫《とくひめ》）・小出吉英《こいでよしひで》（小出吉政《よしまさ》の長男）・加藤忠広《ただひろ》（加藤清正の三男）・蒲生忠郷《がもうただざと》（蒲生氏郷の嫡孫）・黒田長政・佐竹義宣・島津家久《いえひさ》（島津義弘《よしひろ》の三男）・伊達政宗《まさむね》・藤堂高虎《とうどうたかとら》・鍋島勝茂《かつしげ》（鍋島直茂の長男）・蜂須賀家政《はちすかいえまさ》・福島正則・前田利常《としつね》（前田利家の四男）らです。戦国の生き残りといえる諸将の名もあります。彼らは秀吉逝去後から家康派だった面々で、（　）で父の名を記した諸将は代替わりし、豊臣家の恩といわれてもいまひとつピンとこない面々だといえるでしょう。結果、大坂方の要請に応える大名は一人もおらず、わずかに福島正則が大坂蔵屋敷の備蓄米の貸し出しを承諾したことなどがせめてもの誠意だったといえます。

よって、このとき「二重公儀体制」は完全に崩壊していたことがわかります。たしかに秀忠が将軍になった慶長一〇年（一六〇五）に秀頼が関白補任への布石とみられる右大臣についたこともあって、その体制が確立し、二条城の会見が対等な会見であったことから、慶長一六年ごろまでは形式的に存続していたとみていいでしょう。ただし現実的には家康が朝廷の人事権を握り、秀頼の関白の就任を阻むようになって「豊臣公儀」は次第に過去の遺物となっていったのだと考えています。家康にしてみたら、そうして事実上、「二重公儀体制」が崩れれば、あえて豊臣家を滅ぼす必要を感じなかったのではないでしょうか。事実、秀吉も織田の天下を奪ったのち、宗家の織田信雄や信長嫡孫の秀信を死に追いやるようなことはしませんでした。

ところが焦った大坂方がみずから墓穴を掘る形でいわば家康に喧嘩を売ってしまい、大坂冬の陣を招いてしまったといえます。家康は、豊臣家が「国家安康」にこめた真意（家康への呪詛）を知り、このとき初めて秀頼と淀殿母子を葬り去らなければ、将来に禍根を残すと考えたのではないでしょうか。

この方広寺銘鐘事件では確実に大坂方に非があるわけで、諸大名の反応も大坂方に不利に働いたことでしょう。こうして大坂方は、〝関ヶ原浪人〟と呼ばれる衆に期待するしかありませんでした。

大坂冬の陣は慶長一九年（一六一四）一一月一九日にはじまり、一二月二〇日に講和が成立して、わずか三〇日足らずで終わりました。もちろん大論争の結果、「籠城」と決めた大坂方は福島・野田や鴫野《しぎの》・今福《いまふく》（いずれも大阪市）などに砦や柵をもうけて奮戦し、幕府方の宿営地へ果敢に夜襲をかけています。大阪湾の伝法口《でんぽうぐち》では海戦もおこなわれ、真田丸の合戦ではなばなしい戦果を挙げています。

その真田丸は惣構え（大坂城の外濠《そとぼり》）の南、天王寺口と玉造口の間にある自然地形の丘を利用して築造されました。真田丸は東西に長く、南北に短い長方形。三方に空堀を掘って塀をしつらえ、空堀には三重の柵をもうけ、また、ところどころに櫓《やぐら》を組みました。そこに真田信繁（通称幸村）が五〇〇〇～六〇〇〇の兵とともに籠りました。小槻孝亮《おづきたかすけ》という公家の日記によると、戦死者は徳川方の松平忠直《まつだいらただなお》の軍勢で四八〇騎、前田利常の軍勢で三〇〇騎が討ち取られ、雑兵の死者は数知れなかったといいます。

一方の徳川方は城内へ通じる地下通路を掘る〝もぐら作戦〟を展開しています。秀忠が甲州から穴掘りの名人たちを呼び集め、藤堂高虎に命じて城の南からトンネルを掘らせたのです。そのトンネルは大坂城の玉造口より北へと掘り進み、夜を徹して作業がおこなわれました。それは城内の井戸の際《きわ》まで達し、櫓を掘り崩そうとしたとあります。そのトンネルは「およそ幅二間（約三・六メートル）・高さ九尺（二・七メートル）」の大きさ。崩れないよう所々に柱を立て、トンネルの中は「進退自由」に構え、徳川方はそこを通って城に乗り入れる勢いをみせたといいます。また銀山で有名な石見（島根県大田市）より掘子三〇〇人と差配役を呼び寄せ、城内の水の手を断ち、堀の水を抜いたといいます。この話は徳川方のみならず、大坂方の史料（『大坂御陣山口休庵咄《おおさかごじんやまぐちきゅうあんばなし》』）に、城内からも寄せ手のトンネルに対して地道《ちどう》を掘らせ、「肥え汁《こじる》（籠城兵らの排泄物）」や「芥《あくた》（ごみ）」を流しこんで対抗したとあるので事実でしょう。

このころ、あらかじめ大坂方が買い占めていたこともあって、徳川方の将兵の胃袋を満たすべき兵粮が尽きかけていました。大坂方がもう少しこらえていたら、その後の展開は大きく変わっていたでしょう。しかし、この〝もぐら作戦〟が城内の将兵の心理に大きく作用したことは十分に考えられます。昼夜を問わず南の地下からはトンネルが迫り、空からは大砲の巨弾が降り注いできます。こうして大坂方は一二月一六日、和議に応じたのです。

通説としてよく語られるのは、このとき和睦条件が外堀だけを対象にしていたにもかかわらず、徳川方はそれに反して内堀まで埋めたのです。しかし家康の参謀金地院崇伝《こんちいんすうでん》が細川忠興に宛てた書状によって、和睦条件として内堀を埋めるという一項目がきちんと入っていることが確認できます。大坂方は、大坂城が裸城になることを承知の上で和睦に応じたことになります。ただし家康に近仕する儒学者の林羅山が書いた『大坂冬陣記』によって、「城中二の丸の石垣・矢倉・堀以下は、秀頼の人数によってとり壊すことになって」いました。内堀の埋め立ては、豊臣家がおこなう予定だったことがわかります。だからこそ大坂方は、裸城にする和睦の条件をのんだのです。自分たちで壊平《かいへい》作業をおこなうのですから、時間稼ぎできると考えたのでしょう。

しかし家康は豊臣家が考えている以上にしたたかでした。サボタージュする大坂方に「作業が進まぬようだから、われら寄せ手側（徳川方）がお手伝いいたそう」というわけです。『新修《しんしゅう》大阪市史』によると、一二月二三日から徳川方は昼夜兼行で埋め立て作業をおこない、二五日の午前一〇時ごろには城南の外堀のほとんどを壊平し、家康は作業の進捗状況に満足し、側近の本多正純《ほんだまさずみ》を呼んで「二の丸・三の丸まで寄せ手の人数で埋め立てよ。その埋めようも、三歳ほどの幼児でも自由に上り下りできるほど徹底的におこなえ」といいつけ、上機嫌で京都へ引き上げたというのです。

平成二六年（二〇一四）、現在の大阪城近くの工事現場から、当時の内堀の遺構が発見されました。その規模は、深さ五・二メートル《メートル》、幅二三・六メートル《メートル》という国内最大級のものでした。その規模の大きさもさることながら関係者を驚かせたのは、大量の陶器や下駄が発掘されたことでした。徳川方は、使えるものなら何でも片っ端から埋め立てに利用したのです。『大坂御陣記』によると、大坂方でもすぐ内堀の埋め戻しにかかっていることがわかります。大坂方の決死の作業にもかかわらず、結局、夏の陣の開戦までに間に合いませんでした。家康は和議に反したことを口実に、翌慶長二〇年（一六一五）五月、ふたたび大坂へ攻め寄せました。

惣構え（外堀・内堀）をなくした大坂方は天下の堅城《けんじょう》と呼ばれた特性をいかせず、つまり「籠城」策はとれず、徳川勢を迎え撃つしかありませんでした。戦いははじまる前からほぼ決着がついていたといえます。大坂夏の陣は前哨戦を除き、五月六日と七日の両日で決着がつきました。徳川方は六日、道明寺《どうみょうじ》口（藤井寺市・羽曳野市）と八尾・若江口（八尾市・東大阪市）で勝利し、大坂方は城下の天王寺口へ引きました。翌七日にその天王寺口で大坂方は奮戦しますが、その日の午後五時ごろには大坂城の二の丸が陥落。その後、秀頼と淀殿は城内の山里廓《やまざとくるわ》へ退き自害して果て、ここに豊臣家は滅亡しました。

家康はその翌年の元和《げんな》二年（一六一六）四月一七日、まるで秀頼の死で徳川の天下が確立したのを待っていたかのようにこの世を去ります。豊臣家の滅亡までは考えていなかったにせよ、それまで健康に気づかっていた家康がその滅亡を目の当たりにして気がゆるみ、寿命を縮めてしまったのかもしれません。その家康は天婦羅を食べて死んだとよくいわれます。そのことを検証して本稿を終えたいと思います。

家康が亡くなる年の正月二一日、鷹狩りに出かけ、そのときに上方で流行っているという鯛《たい》の天婦羅を食べたことはいくつかの史料に記されています。豪商の茶屋四郎次郎（三代目）から京や大坂で流行っていると聞き、新しいもの好きな家康はさっそく調理させたのでしょう。ちなみに、そのとき彼が食べた天婦羅は、カヤ油で揚げ、その上にニラをすりかけたものだったことが記録に残っています。そして天婦羅を食べた日の夜半（午前二時ごろ）、胸に何かがつかえるような激痛に襲われ、二五日には駿府へ帰還します。家康の死はその三ヶ月後です。

したがって家康が天婦羅を食べて死んだ――という説はあながち嘘とはいえません。ただ家康の侍医の診立てを現代流に解釈すると、その死因は胃ガンのようです。胸に何かがつかえるような激痛も胃ガンによる痛みだと考えると納得がいきます。つまり胃ガンを患っていたところへ、天婦羅を食べたりするものだから病状が一気に進んだのでしょう。

まだ秀頼がこの世にいれば、長寿を心がけ、健康志向の家康は、ただ京や大坂で流行っているというだけでどのようなものかわからない天婦羅を食べなかったかもしれません。やはり、どこかに気のゆるみがあったと思うのですが、いかがでしょうか。

《主な参考文献》笠谷和比古著『関ヶ原合戦と大坂の陣』（吉川弘文館）、拙著『真田幸村「英雄伝説のウソと真実」』（双葉社）

[略歴]

跡部蛮（あとべ・ばん）

歴史研究家・博士（文学）

1960 年大阪市生まれ。立命館大学卒。佛教大学大学院文学研究科（日本史学専攻）博士後期課程修了。出版社勤務などを経てフリーの著述業に入る。古代から鎌倉・戦国・江戸・幕末維新に至る日本史全般でさまざまな新説を発表している。主な著書に『さかのぼり武士の日本史』『鎌倉幕府の謎』『信長を殺した男明智光秀の真実』『超真説　世界史から解読する日本史の謎』『戦国武将の収支決算書』『幕末維新おもしろミステリー 50』（いずれもビジネス社）、『「わきまえない女」だった北条政子』『「道」で謎解き合戦秘史 信長・秀吉・家康の天下取り』『秀吉ではなく家康を「天下人」にした黒田官兵衛』『古地図で謎解き　江戸東京「まち」の歴史』『信長は光秀に「本能寺で家康を討て！」と命じていた』（いずれも双葉社）、『こちら歴史探偵事務所！史実調査うけたまわります』（五月書房新社）ほか多数。

超新説で読みとく 信長・秀吉・家康の真実

2023年6月1日　　第一刷発行

著　者　跡部 蛮

発行者　唐津 隆

発行所　株式会社ビジネス社

〒162-0805　東京都新宿区矢来町114番地 神楽坂高橋ビル5F
電話　03(5227)1602　FAX　03(5227)1603
https://www.business-sha.co.jp

〈装幀〉中村聡
〈本文組版〉茂呂田剛（M&K）
〈印刷・製本〉中央精版印刷株式会社
〈営業担当〉山口健志
〈編集担当〉本田朋子

ISBN978-4-8284-2524-5